MÉMOIRE

EN CASSATION

POUR

M. ET Mme BRAVARD-VEYRIÈRES,

CONTRE

Deux Arrêts rendus par la Cour de Liége

LES 31 JANVIER ET 3 AVRIL 1844.

Me SANFOURCHE-LAPORTE, avocat.

MÉMOIRE

POUR

M. et Mme BRAVARD-VEYRIÈRES.

FAITS.

Mlle Flore de Stockhem, Belge de naissance, habitait Paris depuis environ deux ans, lorsqu'à la date du 2 février 1840, elle arrêta, avec M. Bravard-Veyrières, professeur à la Faculté de Droit de Paris, des conventions anté-nuptiales ; et dix jours après, c'est-à-dire le 12 février 1840, le mariage eut lieu devant le maire du Ier arrondissement de la ville de Paris.

Par l'art. 1er de leur contrat, les futurs époux adoptent le régime de la communauté de biens tel qu'il est établi par le Code civil, sauf les modifications stipulées par les articles suivants de ce contrat.

Par l'art. 2, le futur époux apporte en communauté ses biens présents, meubles et immeubles, dont cet article contient l'énumération ; et il ameublit, pour la faire tomber dans la communauté, une propriété immobilière qu'il possédait et possède encore dans la commune de Conangle, canton de la Chaize-Dieu, arrondissement de Brioude, département de la Haute-Loire.

Par l'art. 3, la future épouse apporte aussi en communauté la propriété de ses biens présents, meubles et immeubles, et notamment une ferme dite du Perron, qui composait, à peu de chose près, toute sa fortune, et qu'elle ameublit en totalité, à l'effet de la faire entrer dans la communauté.

Ce même article contient l'indication des charges qui doivent grever la communauté du chef de la future épouse; en un mot, du passif de cette dernière.

Le 20 juillet 1840, M. Bravard-Veyrières, usant de son droit comme chef de la communauté, vendit à M. de Selys-Longchamps, par-devant Me Lejeune, notaire à Wareme, la ferme du Perron, que Mlle de Stockhem avait ameublie par son contrat de mariage, ainsi qu'il a été dit plus haut.

Sept mois après cette vente, le 22 janvier 1841, le sieur Cuvelier, pharmacien à Liége, prétendant avoir prêté à Mlle de Stockhem, trois ans environ avant son ma-

I

riage, en octobre 1837, une somme de 10,000 fr., dont le contrat de mariage ne faisait aucune mention, forma, en vertu de la permission du président du tribunal, entre les mains de M. de Selys-Longchamps, une saisie-arrêt sur le prix de la ferme du Perron, pour avoir paiement de cette somme de 10,000 fr. et des intérêts.

Cependant, on le répète, le contrat de mariage de Mlle de Stockhem, si exact sous tous les autres rapports, ne faisait aucune mention de cette prétendue dette; et dans un premier voyage en Belgique que M. Bravard fit en avril 1840, dans un second qu'il fit en juin de la même année, il ne lui fut rien dit qui pût lui faire soupçonner que Mlle de Stockhem eût contracté avant son mariage une dette soit de 10,000 fr., soit de toute autre somme, qui fût encore due, quoique chaque fois il eût vu ses trois beaux-frères, et se fût entretenu longuement avec eux des affaires de sa femme.

Il y a plus, lors de son second voyage en Belgique, M. Bravard vendit à l'un de ses beaux-frères, M. Léopold, et cela avec le concours des deux autres, la ferme du Perron. Cette vente fut, quelques jours après, annulée, sur la demande de M. Bravard, moyennant une indemnité qu'il consentit à payer à M. Léopold. Eh bien! dans les longs pourparlers auxquels donna lieu cette transaction, il ne fut fait, par les frères de Mlle de Stockhem, ni par son homme d'affaires, M. Tombeur, qui rédigea l'acte de vente, aucune allusion, même la plus vague, à cette prétendue dette de 10,000 fr., bien qu'on prétende que les intérêts en ont été acquittés jusqu'en 1839 par M. Léopold lui-même! Tout le monde parut l'ignorer; et cependant on avait eu soin de consigner dans l'acte de vente l'état du passif, d'énumérer toutes les dettes à la charge de Mlle de Stockhem qui devaient être acquittées par l'acquéreur!

D'un autre côté, la vente de la ferme du Perron avait été annoncée, longtemps avant d'être effectuée, par presque tous les journaux de la province de Liége; elle avait reçu la plus grande publicité. Elle n'avait pu être ignorée du sieur Cuvelier, ou au moins de son représentant, le sieur Bernard, notaire, qui, selon ses dires, se serait interposé pour ce prêt de 10,000 fr.; et cependant le sieur Cuvelier, ni directement ni indirectement, ni par lui-même, ni par un mandataire, ni verbalement, ni par écrit, ne se présenta à M. Bravard comme créancier d'une somme quelconque.

Ce n'est pas tout, avant l'échéance de la dette prétendue, le sieur Cuvelier n'adressa pas un mot, un seul mot d'avis, à M. Bravard, précaution d'usage qui, dans l'espèce, eût été d'autant plus naturelle qu'il s'agissait d'une dette à laquelle M. Bravard était personnellement étranger, et d'une dette d'une certaine importance. Ce ne fut qu'un mois après l'échéance, que M. Bravard reçut la première information à cet égard par une lettre, en date du 21 octobre 1840, émanée, non pas du sieur Cuvelier, mais du sieur Bernard, qui l'avertissait officieusement que Mlle de Stockhem avait contracté une dette de dix mille francs trois ans environ avant son mariage, envers le sieur Cuvelier, pharmacien à Liége, mais en évitant de s'expliquer sur la cause de la dette, sur la date et la nature du titre.

M. Bravard écrivit sur-le-champ au sieur Bernard pour lui exprimer sa surprise et son étonnement, et lui demander sur les points essentiels qu'il avait passés sous silence dans sa lettre, des éclaircissements qui étaient assurément indispensables.

Eh bien! à cette demande si naturelle et si juste, que répondit le sieur Bernard? « Un exploit que l'on rédige en ce moment vous fera connaître les particularités « que votre lettre susdite a pour but.... Une copie de l'exploit sera remise à chacun « de vos collègues, afin qu'ils sachent, etc. »

De là l'origine du procès actuel, le seul que M. Bravard ait jamais eu en sa vie.

Après plusieurs sommations infructueuses pour obtenir du sieur Cuvelier communication du titre en vertu duquel il se prétendait créancier, il produisit, le 2 avril 1842, un simple billet portant la signature de Mlle de Stockhem et la date du 3 avril 1837, mais qui n'avait reçu date certaine que depuis l'instance.

D'après cela, il paraissait évident que la saisie-arrêt formée par le sieur Cuvelier l'avait été à tort et sans droit, et que la mainlevée n'en pouvait être refusée. En effet, d'une part, pour pouvoir se dire créancier de la communauté en vertu d'un acte qu'on présente comme ayant été souscrit par la femme avant son mariage, il faut, aux termes des articles 1328 et 1410 du Code civil, que cet acte ait reçu date certaine antérieurement au mariage : parce que (comme l'enseigne très-bien Pothier, n° 260, au titre de la communauté, et comme cela résulte forcément de l'article 1410 du Code civil) le mari et la communauté sont des *tiers* toutes les fois que l'on veut se prévaloir contre eux d'un engagement comme souscrit par la femme avant son mariage. Le sieur Cuvelier ne pouvait donc se prétendre créancier ni de la communauté ni du mari.

D'une autre part, aux termes de l'art 1507 du Code civil, le prix de la ferme du Perron faisait en totalité partie de la communauté des époux Bravard-Veyrières par l'effet de l'ameublissement déterminé dont cette ferme avait été frappée par le contrat de mariage, et par une conséquence directe de la vente qu'en avait faite le mari comme chef de la communauté.

D'où la conséquence que le sieur Cuvelier, simple porteur, encore une fois, d'un acte sous seing-privé sans date certaine antérieure au mariage, n'avait pu saisir ce prix, lequel, faisant partie intégrante de la communauté, échappait nécessairement comme tel à toute action de la part d'un homme qui n'était créancier ni de la communauté ni du mari, et n'avait aucun titre à leur égard.

Aussi, dans l'impossibilité où il était de se soustraire à la force irrésistible de cette argumentation, le sieur Cuvelier présenta divers moyens qui n'avaient rien de sérieux; et le 30 avril 1842, le tribunal de première instance en fit justice par un jugement parfaitement motivé. Voici le texte de ce jugement, qui accueillit l'opposition formée au nom de M. et de Mme Bravard à un précédent jugement rendu contre eux par défaut :

« Dans le droit,

« Il s'agit de décider s'il y a lieu, sans avoir égard aux exceptions des défendeurs, de les
« débouter de l'opposition par eux formée au jugement par défaut dont s'agit.

« Attendu, en fait, qu'en vertu d'une permission du juge, le demandeur a, par exploit du
« 22 janvier 1841, fait interposer des saisies-arrêts en mains de M. Edmond de Selys, à charge
« des défendeurs, pour avoir paiement d'une somme de dix mille francs que la dame Flore,
« baronne de Stockhem, ici défenderesse, avait reconnu lui devoir le 3 octobre 1837.

« Que ces saisies-arrêts dûment dénoncées ont été déclarées valables par jugement de ce tribu-
« nal rendu par défaut le 19 janvier 1842, auquel les défendeurs ont formé opposition par
« requête signifiée le 19 février suivant, de laquelle il s'agit d'apprécier le fondement.

« Attendu que les défendeurs se sont mariés à Paris le 12 février 1840, après avoir fait un
« contrat de mariage par lequel, tout en établissant la communauté, les immeubles de la défen-
« deresse ont été ameublis ;

« Que, pour faire annuler la saisie-arrêt dont s'agit, les défendeurs opposent que, la créance
« réclamée n'ayant pas acquis date certaine antérieurement au mariage conformément à l'ar-
« ticle 1410 du Code civil, le demandeur n'a pu mettre une saisie-arrêt sur des valeurs apparte-
« nantes à la communauté ;

« Que, pour paralyser cette exception, le demandeur prétend que le mariage des défendeurs
« ne peut lui être opposé faute de publication et de transcription en Belgique conformément aux
« articles 170 et 171 du Code civil ;

« Qu'au surplus l'article 1410 du même Code établit un droit civil dont les étrangers ne jouis-
« sent en Belgique qu'en vertu des traités diplomatiques, qui n'existent pas dans l'espèce, aux
« termes de l'article 11 du même Code ; qu'en tous cas, la créance réclamée a date certaine
« d'après les actes versés au procès.

« Subsidiairement, le demandeur, pour établir cette date, offre son serment supplétoire ;

« Plus subsidiairement, la preuve testimoniale de certains faits par lui articulés.

« Attendu qu'il résulte des différentes dispositions contenues dans le chapitre 4, titre 5 du
« livre 1er du Code civil, intitulé : *Des demandes en nullité de mariage*, que cette action en nullité
« ne peut être intentée que par les époux, les père et mère, les ascendants, la famille, et, dans
« certains cas, par les collatéraux.

« Qu'on doit en conclure qu'en général les tiers, et notamment les créanciers, n'ont pas cette
« faculté ;

« Que les publications prescrites par les articles 63-166-167-168 et 170 du Code civil n'ont
« été établies que pour donner plus de publicité au mariage et avertir ceux qui ont droit d'y
« former opposition ;

« Qu'en supposant que la demoiselle Flore de Stockhem eût dû faire ces publications à son
« domicile en Belgique, *quoiqu'elle eût plus de six mois de résidence à Paris*, l'accomplissement
« de cette formalité ne pouvait incomber qu'à elle seule, mais qu'elle ne pourrait opposer à son
« mari sa propre négligence, pour en induire la nullité de son mariage, qui, du reste, n'est pas
« absolue, mais a pu être couverte par les époux eux-mêmes par une ratification expresse ou
« tacite, et même par la possession d'état ;

« D'où il suit que les créanciers de la demoiselle de Stockhem, antérieurs à son mariage, n'ont
« pas plus que leur débitrice le droit d'opposer à son mari la nullité du mariage ;

« Attendu, quant à la transcription de l'acte de mariage, que l'article 171 du Code civil ne la
« prescrit qu'au Belge qui rentre sur le territoire de la Belgique, qu'il n'est donc applicable
« qu'au mariage contracté en pays étranger par des Belges, ou par un Belge et une étrangère,
« mais non par un étranger et une Belge, qui par son mariage devient étrangère et suit la con-
« dition de son mari, soit quant à sa personne, soit quant à ses biens ;

(5)

« Attendu que l'article 1410 du Code civil n'établit pas un droit civil, dont les étrangers ne
« puissent jouir que dans les cas prévus par l'article 11 du Code civil, mais n'établit qu'un statut
« personnel sur l'incapacité de la femme de grever la communauté par des dettes qui n'ont pas
« de date certaine avant son mariage ; que en ce qui concerne l'état des personnes, leur capacité
« de contracter, est régi par les lois étrangères s'il s'agit de meubles, ou par la loi de leur situa-
« tion s'il s'agit d'immeubles ; que, sous ce double rapport, la même disposition existant tant en
« France qu'en Belgique , l'action intentée par le demandeur doit être soumise à l'article 1410
« précité ;

« Attendu que, sous l'ancienne jurisprudence française, on pouvait établir la date de telle
« obligation par des présomptions tirées des circonstances de la cause ; que c'est précisément
« pour qu'on ne pût à l'avenir les invoquer, que l'article 1410 a voulu que la date de l'obligation
« fût certaine, soit par l'enregistrement, soit par le décès de l'une des parties ; que la force des
« choses a fait compléter cette disposition par une circonstance prévue par l'article 1328 du Code
« civil, à savoir, lorsque l'obligation a été relatée dans un acte dressé par un officier public ;

« Mais que cette interprétation n'a fait qu'expliquer par les principes généraux du droit ce
« qui constituait la date certaine ;

« Qu'on ne peut donc en induire que la disposition ne soit pas limitative, parce qu'en admettant
« d'autres circonstances que celles prévues par la loi , on retomberait dans l'arbitraire, dans le
« champ des présomptions que la loi a voulu proscrire.

« Attendu que, si du compte de la maison Bellefroid et du certificat de messieurs Nagelmakers,
« signifiés au procès, il paraît résulter que l'obligation aurait une date certaine antérieure au
« mariage ;

« Si le solde de compte dû à Mlle de Stockhem par la maison Bellefroid est mentionné dans le
« contrat de mariage, compte dans lequel se trouve mentionnée l'obligation réclamée par le
« demandeur, ces circonstances ne sont pas prévues par l'art. 1410, et ne peuvent partant lui
« donner date certaine ; qu'au surplus le mari est ici un *tiers* quant aux dettes contractées par la
« femme avant son mariage, qu'ainsi l'art. 1329 du code civil ne pourrait être invoqué contre lui.

« Attendu que de la mention du solde de compte de la maison Bellefroid dans le contrat de
« mariage il ne résulte pas que le défendeur ait eu connaissance de l'obligation ; mais que, pût-
« on même en tirer cette conséquence, elle ne suffirait pas, d'après les principes ci-dessus déduits,
« pour assurer une date certaine à l'acte ; que, par une suite ultérieure, on ne peut, dans les
« circonstances de la cause, tenir pour vrais et avérés les faits auxquels le défendeur n'a pas
« répondu en exécution du jugement interlocutoire, puisque ces faits, en les supposant établis,
« n'auraient aucune influence sur la cause, outre qu'ils ne sont pas personnels au défendeur :
« qu'il n'y a partant pas lieu d'en ordonner la preuve, ni d'admettre le demandeur à la prestation
« du serment supplétoire.

« Attendu, quant aux dommages-intérêts, que les intérêts à 4 pour 100 sont assurés au défen-
« deur par l'acte de vente qu'il a passé au profit de Selys, le 20 juin 1840, devant le notaire
« Lejeune, dûment enregistré et transcrit, et qu'il n'a pas été justifié que le défendeur eût
« souffert d'autres dommages par suite des saisies-arrêts dont il s'agit ;

« Par ces motifs ;

« Le tribunal reçoit les défendeurs opposants au jugement par défaut contre eux rendu le 19
« janvier 1842, dûment enregistré ;

« Statuant par un nouveau jugement, sans avoir égard aux conclusions principales et subsi-
« diaires du demandeur,

« Déclare nulle et de nul effet la saisie-arrêt dont s'agit, en donne mainlevée, ordonne que

« le tiers saisi paiera aux défendeurs les sommes saisies-arrêtées dans ses mains, après l'expiration
« des délais légaux ,
   « Et ,
   « Sans avoir égard à la demande de dommages-intérêts, condamne le demandeur aux dépens. »

Le 4 juin, le sieur Cuvelier interjeta appel de ce jugement.

La cause fut plaidée de part et d'autre sur les mêmes errements qu'en première
instance, aux audiences des 11, 12, 13 décembre 1843, et continuée au 3 janvier
1844, pour être fait droit.

Le sieur Cuvelier avait bien glissé, pour la première fois, dans des conclusions
signifiées seulement le 16 mai 1843, le mot de fraude, mais sans indiquer aucun
fait, aucune circonstance à l'appui ; et sommé de s'expliquer catégoriquement à cet
égard, il n'avait trouvé rien autre chose à alléguer que de véritables balivernes
consignées gravement dans un exploit du 15 juillet 1843, signifié au moment où la cause devait être plaidée; savoir : 1° « Que M. Bravard n'aurait pas
« eu d'argent en caisse au moment de son mariage. » Cela assurément ne méritait
pas de réponse; mais M. Bravard prouva la fausseté et la mauvaise foi de cette allégation par la production d'un registre tenu par Madame, et où elle avait elle-même
constaté que M. Bravard lui avait donné de ses propres deniers 10,000 francs pour
sa corbeille de mariage, plus 3,931 francs peu de jours après le mariage. 2° « Que
« la donation du domaine de Lavèze faite à M. Bravard dans son contrat de mariage
« au nom de son père, n'avait pas été ratifiée par ce dernier. » Cela ne méritait pas
davantage de réponse; mais M. Bravard démontra encore la fausseté et la mauvaise
foi de cette allégation par la production de l'acte authentique de ratification, qu'on
affirmait ne pas exister. Pris ainsi en flagrant délit de mensonge dans les allégations
de fraude qu'il avait hasardées contre M. Bravard, en dehors même des faits de la
cause, le sieur Cuvelier s'était vu contraint de renoncer à cette ressource de son
invention; et, comme on le pense bien, il n'en avait plus été question dans les débats,
si ce n'est comme d'une preuve de plus de ce honteux système de dénigrement que le
sieur Cuvelier paraît s'être avant tout, proposé pour but, et dont il ne s'est pas départi
même devant la Cour de cassation.

Mais la continuation de la cause au 3 janvier a besoin d'être expliquée; et en
voici le motif : L'avocat du sieur Cuvelier ayant dit dans sa plaidoirie que Mlle de
Stockhem faisait des vœux pour le succès de son client, et ayant représenté celle-ci
comme dénuée pour ainsi dire de toutes ressources, l'avocat de M. Bravard,
M. de Lezaack, crut devoir répondre à son confrère que Mlle de Stockhem aurait
pu ne pas se borner à faire simplement des vœux pour le sieur Cuvelier, attendu
qu'à la suite d'une séparation de fait qu'une mésintelligence (due en grande partie
à diverses circonstances du procès actuel) avait rendue nécessaire entre les époux,
son mari lui faisait une pension de 500 francs par mois, qu'elle touchait fort

exactement, ainsi que ses quittances en faisaient foi. Tout ce qu'avait dit à cet égard l'avocat du sieur Cuvelier n'était donc, de quelque source que cela vînt, qu'un récit mensonger, qu'une odieuse manœuvre.

Là-dessus, M. le président, se substituant en quelque sorte au sieur Cuvelier, et se portant fort pour lui, chargea M. de Lezaack, avocat des époux Bravard-Veyrières, d'écrire à son client pour lui proposer de payer le *tiers* ou la *moitié* de la somme réclamée par le sieur Cuvelier et *l'avocat du sieur Cuvelier lui-même, M° Fabry, d'écrire à M*^{lle} *de Stockhem* pour lui proposer de consacrer annuellement une partie de la pension de 6,000 francs qu'elle recevait de son mari à désintéresser le sieur Cuvelier.

On voit ce que cette manière de procéder avait d'anormal, de peu conforme aux usages et aux principes de la magistrature, qui, appelée par la loi de son institution à rester neutre entre les plaideurs, doit se borner à statuer sur leurs conclusions respectives.

Quoi qu'il en soit, Mlle de Stockhem répondit cette fois à l'avocat du sieur Cuvelier, avec qui, à ce qu'il paraît, elle était en correspondance suivie, qu'elle *s'en rapportait à la justice*..... M. Bravard adressa à M. de Lezaack une lettre qui fut communiquée à l'avocat du sieur Cuvelier ainsi qu'aux membres de la cour, et dont il importe de reproduire ici les principaux passages. Après avoir énergiquement démenti les allégations qu'on s'était permises à son égard et en avoir démontré la fausseté, M. Bravard ajoute :

« Je ne puis voir là qu'une de ces misérables ressources d'audience dont certains « avocats ne rougissent pas quelquefois de se servir. Tout cela, d'ailleurs, est com-« plétement étranger à la question soumise à la Cour, et ne mérite pas que je m'y « arrête plus longtemps.

« Mais je relèverai cette circonstance que, d'une part, la reconnaissance délivrée « par Mlle de Stockhem porte la date du 3 octobre 1837, et que, d'une autre part, « M. Bellefroid, dans la lettre par lui écrite à l'avocat Fabry, déclare que la somme « a été empruntée par Mlle de Stockhem, non pas le 3, mais le 5 octobre, dans son « domicile à lui Bellefroid. Je vois, en outre, par la déclaration de MM. Nagelma-« kers et Cerfontaine, qu'il y a une incertitude complète sur l'espèce des valeurs « rendues par eux, jusqu'à concurrence de 10,000 francs, le 3 octobre 1837.—Mais, « d'ailleurs, je demande si de semblables chiffons de papier (qu'on me passe le « mot) peuvent arrêter un seul instant les regards de la justice; et je déclare, uni-« quement pour rendre hommage à la vérité, que, ni avant mon mariage ni depuis, « ni avant la contestation ni depuis, je n'ai eu de relations quelconques avec « M. Bellefroid.

« Je ne connais pas non plus et n'ai jamais vu ni M. Cuvelier, ni le notaire Ber-« nard, ni MM. Nagelmakers et Cerfontaine; et j'affirme de nouveau, de la manière « la plus formelle, que je n'ai eu avant mon mariage aucune connaissance de la pré-

« tendue créance du sieur Cuvelier ; il est même, ce me semble, démontré aujour-
« d'hui pour tout le monde, jusqu'à l'évidence, qu'il y a impossibilité *morale et*
« *matérielle* à ce que j'en aie eu connaissance. Je crois donc pouvoir invoquer, en
« toute sûreté de conscience, la disposition de l'art. 1410 du Code civil, qui ne
« recevra jamais d'application si elle n'en reçoit pas dans l'espèce. Je dis plus, non-
« seulement je le puis, mais je le dois. On a usé à mon égard, sans aucune provo-
« cation de ma part, de procédés inouïs, inqualifiables ; on a cherché à m'intimider
« par des menaces de scandale, par des injures et des calomnies, et à m'extorquer
« ainsi le paiement d'une somme dont je n'étais pas tenu. Si je n'avais pas résisté
« énergiquement, judiciairement, à de pareilles manœuvres, je me serais manqué à
« moi-même. Aussi, quand, au mois de juillet dernier, j'eus donné connaissance à
« M. le premier président de la lettre que m'avait adressée le sieur Bernard, je me
« permis de lui demander ce qu'il aurait fait à ma place ; et, j'ose croire qu'il voudra
« bien se le rappeler, il me fit l'honneur de me répondre qu'il aurait agi comme
« moi. Il n'y avait pas, en effet, deux partis à prendre pour un homme d'honneur ;
« c'est ce que les magistrats de première instance ont fort bien compris. Je ne puis
« donc que persister hautement à demander, par les moyens de fait et de droit que
« vous avez plaidés, la confirmation pure et simple de leur jugement, et repousser,
« comme moralement inadmissible de ma part, toute idée de transaction, d'abandon
« de mon droit.

« J'ajoute (ce qui, d'ailleurs, résulte suffisamment des explications qui pré-
« cèdent, ainsi que de la déclaration que j'ai déposée en vos mains avant mon
« départ de Liége, déclaration dont je vous prie de donner connaissance à la cour,
« si vous ne l'avez déjà fait), j'ajoute qu'il n'est nullement démontré, à mes yeux, que
« la dette en question soit réelle. Les brimborions de papier (pour me servir, mon
« cher confrère, de votre expression), produits en dernier lieu , n'ont fait qu'ajouter
« à mes doutes, à mes incertitudes à cet égard. Au surplus, je ne vois rien dans tout
« cela qui puisse avoir la moindre influence sur la seule question que la Cour ait à
« juger, savoir, celle de la nullité ou de la validité de la saisie-arrêt formée par le
« sieur Cuvelier (qui n'est ni mon créancier, ni celui de la communauté), sur des
« valeurs appartenant exclusivement à cette dernière, que je représente et dont je
« suis le chef. — En définitive, aux yeux de la morale comme de la loi, je dois tout
« ou je ne dois rien ; et le terme moyen que, dans des intentions fort louables sans
« doute, la Cour vous a chargé de me proposer, est légalement et moralement inad-
« missible... J'attends avec confiance l'arrêt qui sera rendu.

« Veuillez recevoir, etc. *Signé :* P. BRAVARD-VEYRIÈRES. »

Les choses en étaient là, et tout semblait indiquer que le jugement de première
instance serait confirmé, lorsque tout à coup, et le 30 décembre seulement, le sieur
Cuvelier (qui avait sans doute le pressentiment de cette confirmation nécessaire,

névitable, et qui, de plus, avait pu s'apercevoir que des membres de la Cour, le
président notamment, paraissaient mécontents de l'insuccès des propositions inac-
ceptables dont ils avaient pris l'initiative), lorsque tout à coup, disons-nous, le sieur
Cuvelier fit signifier des conclusions par lesquelles il demandait la réouverture des
débats, à l'effet d'établir que l'ameublissement de la ferme du Perron stipulé dans le
contrat de mariage des époux Bravard-Veyrières était, suivant ses dires, le résultat
d'un concert frauduleux ourdi entre eux à son détriment; et cela quoiqu'il ne fût
survenu aucun fait nouveau, et que les faits déjà connus n'eussent paru jusqu'alors
au sieur Cuvelier et à ses conseils présenter à son égard aucun indice de fraude ni
de concert frauduleux.

Le 31 janvier, après plusieurs remises et des plaidoiries sur l'incident, la Cour
rendit un arrêt par lequel, *tout en déclarant que l'obligation dont il s'agit n'avait
pas acquis date certaine avant le mariage de M^llo Flore de Stockhem avec M. Bravard-Veyrières*, elle ordonna néanmoins la réouverture des débats, afin que l'appel-
lant, qui prétendait que l'ameublissement avait été stipulé en fraude de ses droits,
pût en fournir la preuve.

Voici le texte de cet étrange arrêt :

Dans le droit,

« Y a-t-il lieu d'ordonner la réouverture des débats ?

« Considérant que l'obligation dont il s'agit a été contractée par Flore de Stockhem, le 8
« octobre 1837 ; *que si cette obligation n'a pas acquis de date certaine avant son mariage* avec
« l'intimé, elle est néanmoins *exécutable* sur la nue-propriété de ses immeubles personnels
« aux termes de l'art. 1410 du Code civil. — Considérant que l'appelant prétend que l'ameublis-
« sement des immeubles de l'épouse intimée a été stipulé en fraude de ses droits, et qu'il veut
« en établir la preuve à l'aide des faits déjà connus de la cause et de ceux qui se sont révélés
« pendant le cours du délibéré. — Considérant que la réouverture des débats après examen et
« d'autorité du juge, ne saurait avoir d'inconvénient pour les parties ; que cette mesure peut
« être utile dans l'intérêt de la justice et de la vérité, et qu'elle n'est interdite par aucune dispo-
« sition de nos lois;

« Considérant que les faits et circonstances allégués par l'appelant nécessitent un nouvel
« examen de la cause.

« Par ces motifs, la Cour, M. l'avocat général Brisch entendu en son avis, rouvre les débats et
« fixe la cause au 25 mars prochain, pour être plaidée,

« Condamne les intimés aux dépens de l'incident. »

A la simple lecture de cet arrêt, il est impossible de ne pas être frappé de deux
incohérences choquantes.

1° La cour de Liége reconnaît que le titre du sieur Cuvelier n'a pas de date certaine antérieure au mariage dans le sens de l'art. 1410, c'est-à-dire, en d'autres
termes, qu'il ne peut être légalement considéré vis-à-vis de la communauté et du
mari comme existant avant le mariage. Dès lors, comment peut-elle rouvrir les débats
pour donner au sieur Cuvelier la faculté d'attaquer, à l'encontre de la communauté

et du mari, comme stipulée en fraude de ses droits, une clause du contrat de mariage? Comment le peut-elle, puisque, de l'aveu même de la cour de Liége, à l'époque où le contrat est intervenu, le sieur Cuvelier n'avait légalement aucun titre vis-à-vis de la communauté et du mari? L'art. 1410, que la cour de Liége reconnaît applicable à l'espèce, bien loin donc d'autoriser en rien l'action du sieur Cuvelier, la repoussait au contraire invinciblement.

2° Si l'immeuble ameubli par le contrat de mariage n'avait pas été vendu, on conçoit que, l'ameublissement annulé, le sieur Cuvelier se serait trouvé à même de se faire payer par voie de *saisie-immobilière* sur la *nue-propriété* de cet *immeuble* redevenu propre à la femme. Mais, dans l'espèce, l'immeuble ayant été vendu, bien et dûment vendu, longtemps même avant que le sieur Cuvelier eût intenté son action, qu'il eût donné date certaine à son titre, l'annulation de l'ameublissement ne pouvait évidemment lui servir à rien, absolument à rien, puisque la vente n'en continuait pas moins de subsister, et que, bien loin d'en contester la validité, le sieur Cuvelier, reconnaissant lui-même son impuissance à cet égard, l'avait, au contraire, ratifiée, autant qu'il était en lui, en saisissant le prix. La cour de Liége a donc complétement méconnu l'état de choses sur lequel elle était appelée à prononcer; elle a, volontairement ou involontairement, perdu de vue qu'il s'agissait simplement de la *validité* ou de *l'invalidité d'une saisie-arrêt sur un prix de vente qui est essentiellement mobilier*, et nullement du droit de *toute autre nature*, qu'en supposant l'ameublissement *nul* ou non *avenu*, le créancier aurait pu exercer *sur la nue-propriété de l'immeuble lui-même invendu*.

En troisième lieu, comment ne pas voir ce qu'il y a en soi *d'absurde*, le mot n'est pas trop fort, à prétendre qu'un immeuble *de deux cent et tant de mille francs* a été ameubli pour frustrer un créancier *de dix mille francs* !! car, pour nuire à son créancier, la débitrice se serait causé à elle-même un préjudice dix fois plus grand que celui qu'aurait éprouvé ce créancier. Évidemment ce serait là, non pas un acte *de fraude*, mais un acte de *démence* : et cependant c'est uniquement pour que le sieur Cuvelier pût développer cette prétention ridicule, dérisoire, insoutenable, que la cour de Liége à rouvert les débats!!

Enfin la réouverture des débats, après que la cause avait été longuement débattue de part et d'autre, et qu'un jour avait été fixé pour la prononciation de l'arrêt, était un procédé non-seulement étrange, insolite, mais encore de tous points irrégulier et illégal, comme nous le démontrerons tout à l'heure.

A l'audience du 26 mars, l'avocat du sieur Cuvelier développa les conclusions qui avaient amené la réouverture des débats; de son côté, l'avoué des époux Bravard-Veyrières prit des conclusions qui furent développées par leur avocat, Me de Lezaak.

Ces conclusions, en ce qui concerne les articulations de fraude, étaient ainsi conçues :

« Attendu, en droit, qu'en thèse générale, d'après l'art. 1167 du Code civil, un
« créancier ne peut attaquer un acte comme fait en fraude de ses droits, qu'autant
« qu'il était déjà créancier à l'époque où cet acte a eu lieu; et que, d'après l'art. 1328
« du Code civil, il ne peut se prévaloir contre un *tiers* de sa qualité de créancier,
« qu'autant qu'il en justifie par un acte ayant reçu date certaine à une époque anté-
« rieure à celle où l'acte attaqué a été fait par le débiteur avec ce tiers;

« Attendu, sous un autre rapport, que dans l'espèce on allègue simplement (sans
« le prouver en aucune façon et contre toute vraisemblance) que M. Bravard-Vey-
« rières aurait eu connaissance au moment de son mariage de la prétendue créance
« du sieur Cuvelier, allégation à laquelle on ne saurait avoir égard, puisque l'irrégu-
« larité du titre, résultant de l'inobservation de l'art. 1328 du Code civil, ne saurait
« jamais être couverte par la circonstance alléguée;

« Attendu, au surplus, que l'art. 1410, tout spécial à l'espèce, est formel, et que
« les efforts tentés par la partie adverse pour en éluder l'application n'en démon-
« trent que mieux l'indispensable nécessité;

« Attendu, enfin, que, dans le système même de l'adversaire, la saisie-arrêt qui
« fait l'objet du procès ne saurait être validée, puisque la communauté serait au
« moins usufruitière de la somme saisie, et que cela suffirait pour que cette somme
« *dût être remise tout entière entre les mains du mari* qui représente la commu-
« nauté, et, par suite, pour faire tomber la prétention actuelle du sieur Cuvelier, qui
« se trouverait toujours avoir saisi une somme dont la disposition appartiendrait
« exclusivement au mari comme chef de la communauté (art. 1401, 1421,
1428);

« Attendu, *en droit et en fait*, que c'est à celui qui allègue la fraude à la prouver
« et qu'on n'en fournit aucune espèce de preuve; qu'il est même constant en fait
« que M. Bravard n'a ni connu ni pu connaître au moment de son mariage la pré-
« tendue créance et *le prétendu titre* du sieur Cuvelier, ce qui exclut toute possibi-
« lité de fraude;

« Attendu que l'étrange système de fraude mis actuellement en avant ne s'est pas
« produit en première instance, qu'il ne s'est pas même produit dans les plaidoi-
« ries devant la Cour, et qu'il n'a été imaginé qu'après la clôture des débats et en
« désespoir de cause; qu'il suffit du plus léger examen pour reconnaître que ce
« système n'est pas autre chose qu'un échafaudage de suppositions plus invraisem-
« blables et plus absurdes les unes que les autres, que le produit d'une imagination
« désappointée ;

« En effet il n'est articulé contre M. Bravard *aucun* fait nouveau, *aucun;* les deux
« lettres de l'intimée, qui font seules tous les frais de ce nouvel intermède judiciaire,
« (si l'on peut s'exprimer ainsi) non-seulement sont insignifiantes en elles-mêmes
« et ne peuvent, sous aucun rapport, être opposées à son mari, qui y est étranger,

« mais sont de nature, au contraire, à lui fournir de nouvelles raisons de douter de
« la sincérité de la créance prétendue.

   « Attendu que des faits où le sieur Cuvelier et ses conseils n'avaient vu jusqu'ici
« aucun indice de fraude, ne peuvent avoir subitement changé de nature, parce
« qu'il a plu à ces messieurs de leur donner une qualification absurde et injurieuse;
« qu'au surplus cela est sans conséquence de la part d'adversaires dont plusieurs
« articulations ont été déjà démontrées mensongères, et qui ont suffisamment
« prouvé qu'ils n'étaient pas fort scrupuleux dans le choix de leurs moyens;

   « Attendu que les faits reprochés à l'intimé sont tous en eux-mêmes très-naturels
« et très-légitimes, ou complétement étrangers à M. Bravard et ne consistant que
« dans d'ignobles *commérages*, dont la fausseté est d'ailleurs démontrée ; qu'ils sont
« de plus, postérieurs au mariage de M. Bravard, et par conséquent ne peuvent,
« ni en fait ni en droit, constituer une fraude quelconque dans son contrat de ma-
« riage, ni en autoriser en rien la supposition ; que les adversaires eux-mêmes le
« reconnaissent, puisqu'ils sont réduits à fonder leur système d'incrimination sur
« une intention non prouvée, absurde, impossible, mais présupposée *à priori* pour
« le besoin de la cause, de sorte qu'en réalité leur système n'a de base que dans leur
« imagination, et l'on ne peut y voir qu'une utopie malveillante; que la non-pu-
« blication en Belgique du mariage des époux Bravard-Veyrières, le seul des faits
« articulés (si l'on peut appeler cela un *fait*) qui ne soit pas postérieur au mariage
« de M. Bravard, n'est que l'exercice d'un *droit;* qu'au surplus, le sieur Cuvelier
« est à tous égards non recevable à s'en prévaloir contre M. Bravard, puisque (indé-
« pendamment des autres raisons) il n'avait pas même vis-à-vis de lui de titre avant
« le mariage;

   « Que de tout ce qui précède il résulte qu'il ne reste rien des conclusions signi-
« fiées par la partie adverse, si ce n'est la preuve de l'esprit de dénigrement et de
« mensonge qui l'a constamment dirigée depuis le commencement du procès
« jusqu'à ce jour. »

   Néanmoins, le 3 avril 1844, la cour de Liége rendit un arrêt définitif ainsi
conçu :

   Dans le droit,

   « La saisie-arrêt formée par Cuvelier sur le prix de la ferme du Perron est-elle valable?
   « Considérant qu'il résulte des faits constants au procès et de l'aveu même de Flore de Stock-
« hem, intimée, qu'elle a souscrit, le 3 octobre 1837, un billet de reconnaissance de dix mille
« francs au profit de Cuvelier, appelant, et qu'elle a emprunté cette somme pour faire les fonds
« à des actions de la société Melhem et Cᵉ, de cette ville; qu'elle avait dès lors un engagement
« à remplir sur tous ses biens, puisqu'il était légitime et antérieur à son mariage avec l'intimé ;
« que cependant, par son contrat de mariage, passé à Paris e 2 février 1840, elle a ameubli
« les immeubles qu'elle possédait en Belgique, et mis toute sa fortune en communauté, y com-
« pris les actions de la société Melhem, sans faire état de la créance de l'appelant ; qu'une telle

« conduite de sa part témoigne de son intention d'éluder son obligation et de frustrer Cuvelier
« de ce qui lui était légitimement dû ;

« Qu'il est *vraisemblable* que, dans ses rapports d'intimité et de confiance avec Bravard-Vey-
« rières, elle ne lui aura pas laissé ignorer l'obligation dont il s'agit ; qu'elle n'avait aucun motif
« de cacher une dette de dix mille francs en présence des valeurs considérables qu'elle apportait
« en mariage ; qu'elle avait, au contraire, le plus grand intérêt de faire connaître tout ce qu'elle
« devait personnellement, après les stipulations exorbitantes et insolites auxquelles elle se sou-
« mettait ; que, d'autre part, Bravard-Veyrières épousant une étrangère en France, n'a pu
« croire qu'elle fût libre de tout engagement, de toute dette en Belgique, où elle avait sa
« famille, son domicile et ses biens ; qu'il a dû savoir, comme professeur en droit, que la célé-
« bration de son mariage à Paris, avec une femme qui n'y avait qu'une simple résidence, devait
« être précédée de publications en Belgique, selon la loi commune des deux pays ; qu'on ne
« saurait *guère* expliquer l'absence d'une formalité aussi essentielle que par l'intention de ne
« pas donner l'éveil aux créanciers cédulaires belges ; que le système de défense des intimés, qui
« ont plaidé conjointement et par les mêmes conseils que celui d'entre eux qui avait tout aban-
« donné à l'autre, et ne possédait plus rien, était seul débiteur envers Cuvelier, fortifie l'idée
« que le même concert a présidé aux stipulations du contrat de mariage de 1840 ; que, *dans ces
« circonstances*, l'on doit *présumer* que l'ameublissement des propriétés territoriales de l'intimée
« a été fait en fraude des droits de l'appelant Cuvelier ;

« Considérant, néanmoins, que ce dernier ne saurait exercer que les droits qu'il aurait eus sous
« le régime de la communauté légale ; que son titre n'ayant pas de date certaine avant le mariage
« dans le sens restrictif de l'article 1410 du Code civil, il ne peut poursuivre son paiement que
« sur la nue-propriété de la ferme du Perron ou autres biens personnels de Flore de Stockhem ;
« que Bravard-Veyrières doit, comme chef de la communauté, avoir la jouissance pleine et
« entière des revenus desdits biens ou des intérêts du prix de la vente de la ferme du Perron ;
« que, pour régler cet objet, les parties auront à aviser aux moyens d'exécution convenables,
« et, en cas de contestation, à reporter la cause devant la Cour pour être statué ce qu'il appar-
« tiendra ;

« Considérant que l'accueil des conclusions prises au nom de l'appelant, après l'ouverture des
« débats, rend inutile l'examen des autres moyens proposés à l'appui des conclusions primitives ;

« Par ces motifs,

« La Cour met l'appellation et ce dont est appel au néant ; émendant, déclare que la ferme du
« Perron a été mobilisée en fraude des droits de l'appelant, par suite déclare bonne et valable
« la saisie-arrêt interposée ès mains de l'acquéreur de Selys-Longchamps, mais seulement pour
« la nue-propriété du capital provenant de la vente de ladite ferme ; délaisse aux parties les
« moyens d'exécution qu'elles jugeront nécessaires dans leurs intérêts respectifs, sauf à statuer
« ultérieurement sur cet objet en cas de dissentiment entre elles ;

« Condamne les intimés aux depens des deux instances ; ordonne la restitution de l'amende. »

En logique, cet arrêt n'est, d'un bout à l'autre, qu'une pétition de principe, qui
consiste à incriminer, par l'intention, des faits parfaitement irréprochables en eux-
mêmes, et à induire l'intention de ces mêmes faits ; en raison, qu'une hérésie qui va
jusqu'à l'absurdité ; en droit, qu'une révolte ouverte contre la loi.

Chose étrange ! pour préserver le mari de fraudes toujours possibles de la part de
la femme, la loi suppose à l'égard du mari l'inexistence de la dette ; et la cour de

Liége en suppose, au contraire, l'existence ; là où la loi voit une fraude commise par la femme avec un tiers au préjudice du mari, la cour de Liége, elle, prenant le contre-pied de la loi, suppose une fraude commise par la femme de concert avec le mari, au préjudice d'un tiers !! C'est-à-dire qu'elle raisonne dans un sens diamétralement contraire à celui du législateur, qu'elle se place toujours dans une hypothèse qui est précisément l'*inverse* de celle de la loi.

Quand la cour de Liége dit que Mlle de Stockhem, en ne faisant pas état de la créance du sieur Cuvelier, a témoigné de son intention de frustrer Cuvelier de ce qui lui était légitimement dû, il faut donc sous-entendre : *s'il lui était dû quelque chose,* ce qui n'est pas probable, et ce qu'à l'égard du mari la loi n'admet pas. — Dans l'hypothèse même où la cour de Liége s'est arbitrairement et illégalement placée, le tort de Mlle de Stockhem, sa *fraude*, si l'on veut se servir de ce mot, consisterait, non dans *la clause d'ameublissement*, qui évidemment ne pouvait dépendre en aucune façon de la créance du sieur Cuvelier, ni de la connaissance qu'en aurait eue ou n'en aurait pas eue le mari, mais dans le *silence* gardé par elle dans son contrat sur cette prétendue créance. Or, envers qui ce silence serait-il donc un tort ? Envers M. Bravard, envers Mlle de Stockhem elle-même, mais nullement envers le sieur Cuvelier, puisque Mlle de Stockhem n'en restait pas moins obligée envers lui, et qu'elle ne pouvait savoir si son titre était enregistré ou ne l'était pas, ni s'il avait besoin de l'être ; et qu'après tout c'est au créancier à veiller à la conservation de ses droits.

Au surplus, tout cela est étranger à M. Bravard, qui, comme *Français*, n'était pas, non plus, tenu de faire des publications en *Belgique*, et qui en a fait en France. — D'ailleurs, ce n'est pas dans l'intérêt des créanciers, vrais ou supposés, que les publications sont requises : c'est seulement dans l'intérêt de ceux qui auraient le droit de former opposition au mariage. L'absence de cette formalité s'explique donc tout naturellement par cette considération, que Mlle de Stockhem était âgée de 28 ans, n'avait aucun ascendant, et que ses frères avaient été prévenus longtemps à l'avance du mariage projeté ; enfin, elle résidait en France depuis assez longtemps pour n'avoir pas besoin de faire des publications en Belgique.

L'unité d'avoué et d'avocat s'explique aussi de la manière la plus naturelle et la plus simple : le sieur Cuvelier ayant assigné *madame* et *monsieur* Bravard, il a bien fallu, afin d'éviter des jugements par défaut et des frais, constituer avoué pour elle comme pour M. Bravard ; mais il est évident qu'elle ne pouvait appuyer ni combattre la demande du sieur Cuvelier, puisqu'il s'agissait de décider, non s'il était son créancier, mais uniquement s'il pouvait se faire payer sur une valeur dépendante de la communauté ; et s'il y avait eu, en cet état de choses, un avoué et un avocat particulier pour elle, c'est alors seulement qu'on aurait été peut-être en droit de soupçonner la fraude. En définitive, le sieur Cuvelier n'aurait pas dû mettre en cause Mlle de Stockhem ; et si elle a figuré dans l'instance et y figure encore, c'est uniquement parce qu'elle y a été appelée par lui.

La clause d'ameublissement s'explique plus naturellement encore, s'il est possible, par cette double considération : 1° que Mlle de Stockhem, devenant française par le fait de son mariage, devait désirer transporter sa fortune en France, où elle était désormais fixée sans retour; 2° que M. Bravard, indépendamment de la propriété de son actif personnel, mobilier et immobilier, apportait en communauté, par son trai- tement de professeur, par le produit de ses ouvrages et de ses consultations, 20,000 fr. au moins de revenus, tandis que Mlle de Stockhem n'en aurait apporté que 6,000; la clause d'ameublissement était le seul moyen de rétablir l'égalité entre les apports. D'ailleurs, cette clause était la condition du mariage, ce qui répond à tout.

Au surplus, le sieur Cuvelier n'a aucun droit de contrôle à exercer sur les clauses et conditions du contrat de mariage de M. et de Mme Bravard-Veyrières, encore moins sur la quotité de leurs apports respectifs. Mlle de Stockhem, en ameublissant sa ferme du Perron, n'a fait qu'user de la faculté qui lui appartenait de l'aliéner; et si, comme elle en avait manifesté l'intention, elle l'avait vendue à un tiers avant son mariage, le prix en serait tombé de plein droit dans la communauté, sans qu'il fût besoin pour cela d'aucune stipulation : auquel cas, de l'aveu même de la cour de Liége, le sieur Cuvelier n'aurait eu aucune espèce de droit sur ce prix. Or, sa position actuelle n'est-elle pas exactement la même?

Certes, on en conviendra, si M. Bravard n'avait pas eu pleine confiance dans la sincérité des déclarations de Mlle de Stockhem, dont il n'avait aucun moyen de véri- fier l'exactitude, s'il avait pu se douter qu'elle eût contracté avant son mariage une dette quelconque autre que celles déclarées par elle dans le contrat, il n'aurait pas adopté un régime qui le soumettait personnellement à payer toutes les dettes, quel qu'en fût le chiffre, que Mlle de Stockhem aurait contractées, soit en France soit en Belgique, envers des créanciers qui auraient eu soin de faire enregistrer leur titre, et qu'il n'avait aucun moyen de connaître.

Les motifs allégués par la cour de Liége ne prouvent donc qu'une chose, savoir, l'absence complète de toute circonstance susceptible de caractériser, et même de faire soupçonner la fraude. Aussi n'a-t-elle pas osé affirmer l'existence de cette fraude imaginaire; et, tout en prenant le mot fraude dans un sens qu'il ne saurait avoir, elle a été réduite à dire : *Il est vraisemblable.... On ne saurait guère expli- quer autrement.... On doit présumer....*: toutes suppositions plus invraisemblables encore les unes que les autres. Ce qui prouve *surabondamment* que l'allégation de fraude n'a été mise ici en avant que pour frauder la loi elle-même, que pour arriver à un résultat qu'elle réprouve; et qu'aux yeux mêmes de ceux qui l'ont rendu, l'arrêt attaqué n'est pas autre chose qu'un *expédient*.

On voit donc combien l'avoué de M. Bravard était fondé à dire dans les conclu- sions prises au nom de son client, « que les circonstances alléguées ne peuvent ni « en *fait* ni en *droit* constituer une fraude quelconque dans le contrat de mariage « de M. Bravard ni en autoriser en rien la supposition; qu'il suffit du plus léger

« examen pour reconnaître que ce système n'est pas autre chose qu'un échafaudage
« de *suppositions* plus invraisemblables et plus absurdes les unes que les autres,
« que le produit d'une imagination désappointée, qu'une *utopie malveillante*. »

Le dispositif est digne des motifs. La Cour, « par ces motifs déclare que la
« ferme du Perron a été mobilisée en fraude des droits du sieur Cuvelier, » (assertion sans valeur qui tombe d'elle-même; car la chose, nous l'avons prouvé, était
impossible en elle-même) et, par suite (ce qui n'est ni moins irrationnel ni moins
illégal) elle déclare la saisie-arrêt bonne et valable *sur la nue-propriété du capital
provenant de la vente de ladite ferme*; de sorte que le résultat final, digne com-
plément de tout le reste, est que tant que durera la communauté le prix ne sera
touché ni par le sieur Cuvelier ni par M. Bravard, et demeurera ainsi indéfiniment
frappé d'une sorte d'*interdit*. Quoi de plus bizarre! Peut-être, en faisant de l'arbitraire, les auteurs de cet arrêt ont-ils cru faire de l'équité à leur manière. Mais c'est
ici le cas ou jamais de le rappeler, avec un estimable jurisconsulte : « L'équité est
« un mot dont on abuse étrangement : si l'on savait ce qu'il recèle d'*arbitraire* et
« de *despotisme*, il aurait bientôt perdu tout son crédit; il séduit les cœurs hon-
« nêtes; et pourtant combien de fois il a servi à cacher de *mauvaises passions*, à
« colorer de *faux arguments!* » (Duvergier.)

Du reste, cet arrêt renferme les mêmes incohérences, les mêmes illégalités que
celui de réouverture, et de plus graves encore.

Ainsi 1° il écarte, sans en donner aucun motif, la fin de non recevoir tirée de
ce que le titre du sieur Cuvelier n'ayant pas reçu date certaine avant le mariage de
M. Bravard, conformément à l'article 1328 du Code civil, le sieur Cuvelier n'avait
pas qualité pour invoquer l'article 1167 du même Code, le seul cependant qui pût
servir de fondement à sa demande en nullité pour cause de fraude.

2° D'après l'article 1410, la position des créanciers de la femme est bien simple :
suivant que leurs titres ont ou non reçu date certaine antérieurement au mariage,
ils sont ou non, vis-à-vis de la communauté et du mari, considérés comme créanciers antérieurs au mariage, et par suite ils deviennent créanciers de la communauté
ou restent simplement créanciers de la femme; il n'y a pas d'autre alternative pour
eux. Eh bien! l'arrêt attaqué constate que le titre du sieur Cuvelier n'a pas de date
certaine antérieure au mariage de M. Bravard, dans le sens de l'article 1410; et cependant il traite le sieur Cuvelier comme étant légalement vis-à-vis de la communauté
et du mari créancier antérieur au mariage, puisqu'il l'admet à attaquer de son
chef et en son nom personnel, à l'encontre de la communauté et du mari, une clause
du contrat de mariage; en même temps, il le traite comme n'étant pas légalement,
à l'égard de la communauté et du mari, créancier antérieur au mariage, puisqu'il ne
le déclare pas créancier de la communauté et lui refuse positivement cette qualité !

3° L'art. 1410, considérant le créancier de la femme, dont le titre n'a pas de date
certaine antérieure au mariage, comme un simple ayant cause de celle-ci, ne pou-

vait lui accorder , et il ne lui accorde, en effet, que le droit de se faire payer sur la partie de ses biens qui n'est pas entrée dans la communauté, par conséquent sur la nue-propriété de ses immeubles, quand les époux sont mariés sous le régime de la communauté légale , et nullement sur les valeurs mobilières ni sur l'usufruit des immeubles : parce que ces valeurs et cet usufruit appartiennent à la communauté. D'où il suit forcément que, lorsque les époux, comme ils en ont la faculté (art. 1507), ont fait entrer l'immeuble lui-même en pleine propriété dans l'actif de la communauté (et c'est précisément ce qui a eu lieu dans l'espèce), les créanciers de la femme n'ont pas plus de droits sur cet immeuble qu'ils n'en auraient, si les époux avaient adopté le régime de la communauté légale, sur les meubles ou sur l'usufruit des immeubles apportés par la femme. Voilà ce qui ressort avec la dernière évidence de l'art 1410. Et cependant on veut fonder la prétention du sieur Cuvelier sur l'art. 1410, c'est-à-dire sur le texte de la loi qui, combiné avec l'art. 1507, y est le plus directement opposé!! Quelle inconcevable aberration!

4° Il ne s'agissait nullement devant la cour de Liége du droit qu'aurait pu avoir sur *l'immeuble lui-même*, s'il n'avait été ni ameubli ni vendu, le sieur Cuvelier, en procédant par voie de *saisie-immobilière;* il s'agissait de toute autre chose, *d'une saisie-arrêt* formée sur *le prix d'une vente* faite par M. Bravard-Veyrières, non pas *au nom de sa femme*, mais, au contraire, *en son nom propre comme chef de la communauté.* Or, en saisissant le prix, le sieur Cuvelier, ayant confirmé la vente, devait naturellement en subir les conséquences; et la première de ces conséquences, c'est que le prix revenait directement au mari, qui est ici le vendeur. D'où il suit que, comme il ne devait rien personnellement au sieur Cuvelier, la saisie-arrêt de ce dernier tombait d'elle-même. — C'est ce que la cour de Liége aurait dû ne pas perdre de vue.

5° Dans tous les cas, rien ne pouvait faire que le mari n'eût pas au moins la jouissance du prix saisi, puisqu'il l'aurait eue quand même il se serait marié sans contrat! C'est là aussi ce que l'arrêt attaqué lui-même a formellement reconnu. Or, il y a entre la jouissance d'un immeuble et celle d'une somme d'argent cette différence que la jouissance d'un immeuble n'en absorbe pas la nue-propriété; tandis que la jouissance d'un capital emporte nécessairement le droit d'en disposer en totalité, en un mot, en rend l'usufruitier *propriétaire* jusqu'à l'extinction de son usufruit. C'est pour avoir méconnu cette vérité élémentaire que la cour de Liége est tombée dans une confusion contre laquelle cependant aurait dû la prémunir le texte lui-même de l'art. 1410, où il n'est question que de la nue-propriété des *immeubles* personnels de la femme; et c'est ainsi qu'amalgamant des idées contradictoires, inconciliables, admettant entre une somme d'argent et un immeuble on ne sait quelle assimilation chimérique, impossible, repoussée par la nature même de l'action sur laquelle elle était appelée à statuer, c'est ainsi que cette Cour, d'inconséquence en inconséquence, est arrivée à ce résultat bizarre, inimaginable, que

3

M. Bravard-Veyrières ne pourra pas se faire remettre la somme saisie, mais que le sieur Cuvelier ne le pourra pas davantage, qu'en vertu de cette saisie-arrêt d'un nouveau genre le saisissant ne pourra se faire payer qu'à l'époque où la chose soi-disant saisie n'existera plus, c'est-à-dire à l'époque où, par la dissolution de la communauté, la pleine propriété, qui appartient actuellement au mari, sera retournée à la femme ou à ses héritiers. On le voit donc, bien que la saisie-arrêt du sieur Cuvelier ait été validée sur la nue-propriété seulement de la somme saisie, ce serait, non pas sur la nue-propriété, mais au contraire et uniquement sur la pleine propriété elle-même qu'il se ferait payer! La contradiction peut-elle être plus flagrante et en même temps plus choquante?

Et quand on considère que c'est pour en venir à un pareil résultat que la cour de Liége n'a pas craint de déclarer nulle la clause fondamentale d'un contrat de mariage, d'admettre, contre tout droit et toute raison, l'existence d'un prétendu concert frauduleux imaginé au dernier moment par un plaideur aux abois, on ne peut s'empêcher de convenir qu'il y a là véritablement quelque chose de *fabuleux*.

Cela posé, nous allons développer succinctement les moyens de cassation qui militent, tant en la forme qu'au fond, à l'appui du pourvoi sur lequel la Cour est appelée à prononcer.

Mais, auparavant, nous ne pouvons nous dispenser de présenter quelques observations sur le mémoire en défense signifié au nom du sieur Cuvelier.

Le mémoire en défense revient minutieusement sur toutes les questions débattues en première instance et en appel, sur tous les détails de la procédure, reproduit le texte et la paraphrase de conclusions prises sur des points absolument étrangers au pourvoi, et auxquels s'applique ce considérant de l'arrêt attaqué : « Considérant que l'accueil des conclusions prises au nom de l'appelant après la réouverture des débats *rend inutile l'examen des autres moyens proposés à l'appui des conclusions primitives.* » C'est cependant à la reproduction de tous les développements auxquels il s'était livré en première instance et en appel sur ces *autres moyens* et ces *conclusions*, que le sieur Cuvelier a cru devoir consacrer neuf énormes pages de son mémoire. Le rédacteur n'oublie pas même de mentionner l'exécutoire de dépens pris pour les frais de l'arrêt de réouverture, et la saisie-arrêt spécialement formée en conséquence de cet exécutoire (dans l'unique but de grossir les frais) sur une somme déjà saisie par lui, quoique l'avoué de M. Bravard eût offert de solder ces dépens avant tout exécutoire. En vérité, les requêtes des anciens procureurs dont on s'est tant moqué n'étaient rien en comparaison de ce mémoire prodigieux; et ce serait bien le cas de dire, si l'on ne voulait garder son sérieux: « Avocat, ah! passons au déluge. »

Nous éviterons de tomber dans le travers que nous reprochons au sieur Cuvelier, et de nous jeter, à sa suite, dans des divagations sans intérêt et sans utilité; mais nous déclarons que dans cette partie du mémoire en défense il y a nombre d'assertions inexactes et fausses, que nous repoussons ; nous en relèverons seulement quelques-unes.

1° Le mémoire en défense commence par une assertion qui annonce peu de bonne foi, savoir, que Mlle de Stochkem ne résidait pas à Paris depuis plus de six mois au moment de son mariage; tandis qu'il est constant, en fait, qu'elle y résidait depuis deux ans, et qu'elle n'avait pas même conservé une simple habitation en Belgique. Ce fait d'une résidence de beaucoup plus de six mois à Paris a été reconnu par le sieur Cuvelier lui-même dans divers actes de la procédure, il n'a jamais été révoqué en doute ni en première instance ni en appel, il est formellement constaté par le jugement de première instance, il n'est pas et n'a pas pu être contredit par la cour de Liége, qui, en parlant de simple résidence, a uniquement voulu exprimer par là que Mlle de Stockhem n'avait pas en France son domicile *réel*, bien qu'elle y résidât depuis plus de deux ans.

2° Le sieur Cuvelier s'étend longuement sur les stipulations du contrat de mariage des époux Bravard-Veyrières, qu'il commente dans l'intention évidente de déprécier autant que possible les apports de M. Bravard, et d'enfler en proportion ceux de Mlle de Stockhem. Cela eût pu tout au plus se concevoir en appel, avant la clôture des débats, quand le sieur Cuvelier prenait fait et cause pour Mlle de Stockhem contre M. Bravard. Mais aujourd'hui qu'il a, et pour cause, abandonné ce système et qu'il en a embrassé un absolument contraire, tout cela est un *non-sens*, ou, pour mieux dire, un *contre-sens*. Cependant il y consacre bon nombre de pages de son mémoire. A cet égard, nous le répéterons avec assurance, quiconque appréciera de bonne foi les apports de M. Bravard et les avantages pécuniaires attachés à sa profession, n'hésitera pas à reconnaître que, tout considéré, l'infériorité de position était bien loin d'être de son côté. Mais quel rapport cela a-t-il avec le pourvoi?

3° Le mémoire en défense présente, de la manière la plus inexacte, le système suivi par le sieur Cuvelier en première instance et en appel. En effet, il est certain qu'en première instance le sieur Cuvelier n'avait parlé de fraude en aucune façon. En appel, avant la clôture des débats, ne sachant qu'imaginer, il avait allégué, comme on l'a vu, qu'il y avait eu, de la part de l'intimé, une soi-disant fraude, non vis-à-vis de lui, Cuvelier, mais à l'encontre de Mlle de Stockhem ; et pour l'établir, il avait cité des faits dont la fausseté matérielle avait été démontrée authentiquement. Eh bien, dans son mémoire en défense, il s'exprime ainsi à ce sujet : « Le sieur Cuvelier articula des faits que les intimés dénièrent. Cette dénégation, le sieur Cuvelier en démontra toute la témérité *par la production de* DEUX *lettres de mademoiselle de Stockhem.*» Or, de ces deux lettres, l'une ne contient qu'une phrase de mauvais goût.

Quant à l'autre, qui porte la date du 31 décembre 1841, elle n'a été produite ni en première instance ni en appel; et, en prétendant le contraire, le sieur Cuvelier se trouve ici pris, encore une fois, en flagrant délit de mensonge. C'est après l'avoir gardée secrète en première instance et en appel, qu'il a eu l'impudence de produire pour la première fois cette lettre devant la Cour de cassation. Nous nous abstiendrons de qualifier soit l'intention dans laquelle cette lettre est produite, soit la lettre elle-même; mais un devoir nous est imposé: M. Bravard a qualité pour représenter dans l'instance actuelle Mlle de Stockhem, il y est même obligé par la loi; et l'on ne comprendrait pas qu'elle pût, par l'organe de la partie adverse de M. Bravard (qui est aussi, dans l'instance actuelle, sa partie adverse à elle-même), produire contre son mari des allégations non-seulement étrangères à la cause, et dont elle a reconnu elle-même la fausseté, mais que, de plus, la Cour de cassation n'est pas compétente pour apprécier, et auxquelles M. Bravard ne peut répondre, puisqu'il plaide ici, non contre Mlle de Stockhem, mais, au contraire, pour lui et pour elle en même temps, contre le sieur Cuvelier. Il y a donc dans la production de cette lettre une interversion de rôles, en même temps qu'une extrême inconvenance; et à raison de ce que cette production, tardive d'ailleurs et étrangère à la cause, a d'injurieux et d'éminemment diffamatoire, il sera expressément demandé à la Cour d'en ordonner la suppression.

Arrivons enfin aux moyens de cassation.

DISCUSSION.

PREMIÈRE PARTIE.

MOYENS EN LA FORME.

PREMIER MOYEN. — *Illégalité de la réouverture des débats.*

Ce moyen est dirigé contre l'arrêt de réouverture des débats de la cause, lequel, en tant que terminant le litige élevé sur ce point, est *définitif.*

Après une procédure dans laquelle la cause avait été amplement discutée de part et d'autre, suivie de longues plaidoiries, terminées à l'audience du 13 décembre 1843, la Cour d'appel avait *prononcé la clôture des débats et fixé au 3 janvier* pour la prononciation de l'arrêt.

Le 30 décembre, le sieur Cuvelier imagina, en désespoir de cause, de notifier des conclusions tendant à ce que les débats fussent réouverts, pour qu'il pût produire un moyen auquel il n'avait pas songé jusque-là, bien qu'il eût précédemment épuisé toutes les ressources de son imagination, ainsi qu'en font foi ses écrits, tant en première instance qu'en appel.

Il prétendit qu'une clause d'ameublissement, contenue dans le contrat de mariage des demandeurs en cassation, avait été stipulée en fraude de ses droits, ce dont il n'avait pas imaginé de se douter dans tout le cours d'une procédure qui avait duré deux ans, et dans laquelle il avait, dès l'origine, pris ample connaissance de ce contrat.

On croirait que quelque découverte importante avait été faite ; que des pièces décisives ignorées allaient être produites pour tenter de justifier une conduite aussi hasardée ; mais non, pas une pièce nouvelle, pas un fait nouveau n'étaient apparus ; tout ce que Cuvelier alléguait, il l'induisait de pièces qui avaient été soumises aux débats clos ; d'ailleurs tout cela aurait été tardif. — Néanmoins, par arrêt du 31 décembre, la Cour rouvrit les débats et fixa jour au 25 mars·pour plaider.

Cet arrêt ne trouve d'appui dans aucun texte de nos lois ; la Cour d'appel elle-même l'a reconnu, en se bornant à dire que la réouverture des débats n'est *inter-dite* par *aucune* disposition.

Elle a oublié que les législateurs de tous les temps ont voulu que les procès ne pussent être éternisés ; cette volonté est empreinte dans toutes les dispositions du droit et de la procédure qui ont établi des prescriptions, ou fixé des délais péremp-toires ; et spécialement, dans celles sur lesquelles est basé le premier moyen de cas-sation.

C'est dans cet esprit que l'art. 1346 du Code civil a dit : « Toutes les demandes, à « quelque titre que ce soit, qui ne seront pas entièrement justifiées par écrit seront « formées par un même exploit, *après lequel les autres demandes dont il n'y aura* « *point de preuves par écrit ne seront point reçues.* »

L'ancienne jurisprudence française avait admis la règle suivante : « *Les délibérés* « *se jugent en l'état qu'ils se trouvent* », et elle fut confirmée par les lettres-patentes, du 18 juin 1769, portant, tit. 2, art. 35 : — « Les affaires mises en délibéré seront « jugées dans les trois jours, au plus tard, du jugement qui l'ordonnera... Défenses « sont faites aux procureurs de former des demandes nouvelles et de signifier de « nouveaux écrits, à peine de 50 livres d'amende. » (*Répertoire*, v° Délibéré.)

Et M. Merlin ajoute : — « Quelquefois on remet le jugement de délibéré à un « autre jour ; *mais on ne peut ni produire de nouvelles pièces*, ni former de nou-« velles demandes. » Et c'est sous l'empire du Code de procédure que M. Merlin reproduisait ainsi la règle !...

Elle avait déjà été consacrée, il y a plus d'un siècle et demi, par un arrêt de la cour des aides de Paris, du 14 décembre 1683, rendu sur la requête de M. le pro-cureur-général (ainsi arrêt de règlement) qui avait ordonné : — « que les délibérés « sur le registre, prononcés par les officiers des élections du ressort, *seraient par* « *eux jugés* DANS TROIS JOURS *et* PRONONCÉS A L'AUDIENCE SUIVANTE, à peine d'en « répondre en leurs propres et privés noms. » (Ancien *Journal des Audiences*, V° Délibérés.)

On lit dans le même recueil, V° Procédure civile. — Délibéré ce qui suit : « Quand il y a un délibéré ordonné, *l'on ne peut y joindre aucune requête.* M. Benoit « de Saint-Port, avocat-général, convint de cette maxime en l'audience du grand « Conseil, du 11 mai 1706 ; mais comme il s'agissait d'une requête *importante*, dans « laquelle j'avais conclu, il dit que le Conseil pouvait ordonner un délibéré sur cette

« requête et juger l'autre en même temps, ce qui produirait le même effet, *sans*
« *s'écarter de la règle.* — L'on fut longtemps aux opinions, et l'on ordonna qu'avant
« faire droit sur la requête du sieur Baron de Madeillan, ma partie, *il serait passé*
« *outre au jugement du délibéré en* l'état qu'il était. »

C'était donc une règle constante qu'une cause mise en délibéré devait être jugée
dans l'état où elle était lors de la mise en délibéré, quelque importants que pussent être les motifs de produire de nouveaux moyens.

La jurisprudence de la Cour de cassation, antérieure au Code de procédure, était
conforme à cette règle : un arrêt du 27 fructidor an 8 (14 septembre 1800) dit Carré
sur l'art. 94 du Code de procédure, question 441, a décidé, qu'une *affaire doit être
jugée en l'état où elle se trouvait lorsqu'on a ordonné le délibéré, en sorte qu'on ne
peut depuis cet instant prendre de nouvelles conclusions, et produire de nouvelles
pièces.*

Un autre arrêt du 7 thermidor an xi (26 juillet 1803), que Carré cite comme
rapporté par M. Montainville, a décidé qu'une cause portée devant un tribunal de
commerce et mise en délibéré devait être jugée, *dans cet état*, par ce tribunal, bien
que, avant le jugement, une loi nouvelle eût attribué les causes de cette nature à la
juridiction spéciale des prud'hommes-pêcheurs; et nous verrons plus loin une nouvelle
loi sur la compétence, du 25 mars 1841, porter une disposition tout à fait analogue.

Voilà quel était l'état de la jurisprudence française lorsque le Code de procédure
a été promulgué.

Le Code et les lois ultérieures sur la matière, loin d'innover à cet égard, ont confirmé la règle, et, au besoin, l'auraient créée.

Aux termes des art. 93 et 111, la mise en délibéré en instruction par écrit clôt
les débats : il n'y a plus à entendre que le rapporteur, et, après le rapport, qui n'est
qu'un *résumé* de la discussion, en fait et en droit, les défenseurs ne peuvent obtenir la parole *sous aucun prétexte*, sauf à remettre au président, *mais sur-le-champ*,
de simples notes qui doivent se borner à énoncer *les faits* sur lesquels ils préten-
draient que le rapport a été incomplet ou inexact : toute discussion ultérieure est
donc interdite ; aussi le jugement qui a ordonné le délibéré doit-il être exécuté
sans qu'il soit besoin de le lever ni signifier, sans sommation; l'instruction est tellement close que, si même l'une des parties ne remettait pas ses pièces, la cause
serait jugée sur les pièces de l'autre; de sorte que rien, de la part des parties, ne
peut plus retarder le jugement.

Aux termes de l'art. 116, les jugements doivent être prononcés sur-le-champ;
seulement, et par exception, les juges peuvent se retirer en la chambre du conseil
pour recueillir les voix, ils peuvent aussi continuer la cause à une prochaine
audience, mais seulement pour *prononcer* le jugement.

Aux termes de l'art. 324, le droit de faire interroger sa partie sur faits et articles,
d'établir son droit par la confession de l'adversaire, ce droit qui doit toujours être

accueilli avec faveur, qui, quelquefois, est le seul moyen de justifier une demande, ne peut cependant pas être exercé, s'il doit en résulter un retard de l'instruction ou du jugement.

Aux termes des art. 342 et 343, l'affaire est en état dès que la plaidoirie est commencée, et la plaidoirie est réputée commencée quand les conclusions ont été contradictoirement prises à l'audience.

En cet état, la mort, le mariage, l'interdiction des parties, la mort, la démission, la destitution, l'interdiction de leurs avoués, ne peuvent faire différer le jugement; de sorte qu'il est rendu contre un individu qui n'existe plus, contrairement à la loi 2 *f quœ sent. appell.*, ou contre un individu qui n'est plus apte à ester en justice, et qui même peut n'être pas représenté!

La cause qui est en état doit donc être jugée dans cet état; il n'est pas permis, *à fortiori*, de rouvrir les débats déclarés clos.

Cela résulte encore des art. 34 et 35 du décret du 30 mars 1808, combinés avec l'art. 116 du Code de procédure, qui veulent que les plaidoiries cessent lorsque les juges trouvent que la cause est suffisamment éclaircie; *que les voix soient recueillies lorsque la discussion est terminée*, et, par suite, que le jugement soit rendu *sur-le-champ*, comme le dit l'art. 116; car, en effet, lorsque les voix ont été recueillies, il n'y a plus qu'à prononcer.

L'art 24 de la loi sur la compétence, du 25 mars 1841, vient corroborer la règle, en prescrivant que le juge devant lequel il y a eu clôture des débats, reste saisi de l'affaire et la juge, bien qu'il soit devenu incompétent.....

Il serait impossible d'imaginer une disposition plus formelle pour proscrire la réouverture des débats.

A l'autorité de la loi se joint son interprétation par la doctrine et la jurisprudence.

Hautefeuille, *Traité de Procédure civile et commerciale*, sur les art. 342 et 343, p. 187, édition 1812, dit : «L'affaire est en état, c'est-à-dire que l'instruction est « terminée, et qu'elle doit être jugée dans *l'état où elle se trouve*. »

Thomine Desmazures, sur l'art. 116, dit : « C'est un devoir pour les magistrats « de faire prompte justice; ils doivent donc, à moins qu'ils ne reconnaissent la né- « cessité de mettre la cause en rapport, *prononcer sur-le-champ ou à une prochaine* « *audience.* »

Carré, questions 441 et 448, admet sans difficulté que la mise en délibéré, SANS *rapport*, qu'autorise l'art. 116 du Code de procédure, comme dans l'espèce, *termine absolument l'instruction*, puisque tous les moyens ont été épuisés devant le juge, qui n'a plus qu'*à prononcer sa décision*.

Et il cite, à l'appui de son opinion, Delaporte, tom. Ier, p. 125. — Il ajoute, à la vérité, qu'il n'est pas ainsi du délibéré SUR *rapport;* opinion, au surplus, sans application dans l'espèce, qui, d'ailleurs, nous paraît contraire à la disposition de l'article 111, laquelle interdit la parole aux parties après le rapport; aussi a-t-elle été combattue par Boncenne, tom. II, p. 312 et suiv., où il s'élève contre la distinction : — « L'annonce d'un délibéré, dit-il, est toujours l'annonce du *statu quo* de l'affaire : « le rapport qui a eu lieu ne fait point partie de l'instruction proprement dite (ce « n'est, en effet, que le résumé, art. 111); mais il est un élément de délibéré; il faut « un terme aux procès; dans l'opinion contraire, ils ne finiraient jamais. » — Telle était, d'ailleurs, la disposition formelle de l'ancien droit. « Les affaires mises en déli- béré seront jugées dans les trois jours; défenses sont faites aux procureurs de former des demandes nouvelles et de signifier de nouveaux écrits. » — Lett. patent. 18 juin 1769. — Cass. 27 fructidor an VIII, et 7 thermidor an XI; Dalloz, tom. XVIII, p. 90, n° 29; Caen, 24 mars 1805; Sirey, 27-2-53; Lepage, 127; Berriat, p. 244, note 12.

La cour royale de Paris, par arrêt du 25 juin 1825, a jugé qu'après l'audition du ministère public et l'*indication de l'audience pour la prononciation*, il ne pouvait être pris de conclusions nouvelles.

La cour royale de Caen, par arrêt du 24 mars 1825, a jugé formellement (en disant que cela a été jugé ainsi par plusieurs arrêts de la Cour de cassation) qu'en fait de rapport sur délibéré, *la cause doit être jugée dans l'état où elle se trouvait lorsque le délibéré a été ordonné*, sans qu'il soit possible de prendre de nouvelles conclusions ou de produire de nouvelles pièces depuis cet instant jusqu'à la décision du procès. (Sirey, 27-2-53.)

A plus forte raison dans les délibérés *sans* rapport, comme dans l'espèce, suivant l'opinion même de Carré, dont cet arrêt condamne la distinction.

Enfin, la Cour de cassation, par arrêt du 22 décembre 1829, a jugé que lorsqu'a- près les plaidoiries terminées, les juges ont renvoyé la cause à tel jour pour la pro- nonciation de l'arrêt, il ne peut être, au jour indiqué, pris de nouvelles conclusions par les parties, *même pour se déférer le serment décisoire!!*

« Attendu, a-t-elle dit, qu'il est constaté par l'arrêt que les plaidoiries avaient été « terminées à l'audience du 9 août, et que la cause avait été remise au 16 pour l'ar- « rêt être prononcé; — attendu que, dans l'état de la cause, *cette remise* EXCLUAIT « *toutes conclusions nouvelles et tous nouveaux débats;* qu'ainsi la cour de Metz était « fondée à ne pas statuer sur la demande tardive du sieur Baratte, demande dont « l'admission était d'ailleurs susceptible de controverse, et eût entraîné la nécessité « de discuter contradictoirement la question de savoir si le serment déféré n'était pas « plutôt supplétif que décisoire. » (Sirey, 30-1-55.)

Voilà la confirmation bien formelle de la règle que, lorsque les débats ont été clos avec fixation du jour pour la prononciation, ils ne peuvent être réouverts : car si jamais il eût pu y avoir lieu à admettre de nouvelles conclusions, c'eût été dans l'espèce dont il s'agissait, où l'une des parties déférait à son adversaire le serment litis-décisoire, qui peut être déféré sur toute espèce de contestation que ce soit et en tout état de cause.

Mais on sentit que si la barrière était une fois levée, il n'y aurait pas de raison pour que dans tous les procès, et sous les prétextes les plus mal fondés, on ne vînt entraver le cours de la justice, débattre de nouveau ce qui aurait été débattu, devait ou aurait pu l'être en temps opportun.

Et la présente cause en offre un exemple remarquable : tout, répétons-le, tout ce qu'on a allégué pour le sieur Cuvelier, afin d'obtenir la réouverture des débats, pouvait l'être avant leur clôture, puisque aucun fait nouveau, aucune pièce nouvelle ne se produisait.

La cour de Liége, en réouvrant les débats, a donc violé les dispositions invoquées à l'appui du premier moyen. ——

En réponse à notre argumentation, le mémoire en défense prétend que les juges ont le *pouvoir* de rouvrir les débats si bon leur semble et quand bon leur semble. Mais comment ne pas voir que cela serait éminemment contraire à une bonne administration de la justice, qu'il en résulterait un arbitraire sans limites et le triple inconvénient de prolonger les procès, d'augmenter les frais, enfin de permettre au juge de favoriser une des parties au détriment de l'autre en admettant ou en rejetant, à son gré, la demande en réouverture des débats?

Quant à nous, bien que l'antique règle d'après laquelle les délibérés doivent être jugés en l'état où ils étaient lors de la clôture des débats soit formelle, qu'aucune disposition législative n'y ait fait d'exception, nous pourrions admettre, à la rigueur, que, si la demande en réouverture était fondée sur un cas *de requête civile*, il y aurait peut-être lieu de rouvrir les débats, parce que ce serait entrer jusqu'à un certain point dans l'esprit de la règle en prévenant un nouveau procès ou plutôt le renouvellement du premier. Mais comme les cas de requête civile sont déterminés par la loi, l'opportunité de la réouverture ne serait pas, ainsi que le prétend le défendeur, abandonnée souverainement à l'appréciation des juges du fait. La Cour de cassation serait compétente pour en connaître; et il lui appartiendrait d'examiner si la circonstance qui aurait amené la réouverture était, ou non, au nombre de celles pouvant donner ouverture à requête civile. Voilà la seule modification dont nous paraisse susceptible la règle dont l'ancienneté même atteste la sagesse, et qui n'est, après tout, qu'une règle de nécessité et de bon sens.

Le défendeur n'a trouvé dans l'ancien droit que deux autorités à invoquer; et, en réalité, ces deux autorités elles-mêmes condamnent son système : c'est Guyot et le nouveau Denisart.

Guyot *proclame la règle que sur délibéré on ne peut ni produire de nouvelles* pièces ni *former de nouvelles demandes;* s'il admet la possibilité d'une exception, c'est pour des circonstances tout autres que celles du procès actuel.

Quant au nouveau Denisart, nous avons eu recours à cet ouvrage, qui se trouve à l'ancienne bibliothèque de la ville; et voici ce que nous avons lu au mot Délibéré, § 2.

Peut-on former de nouvelles demandes après un jugement qui ordonne qu'il en sera délibéré?

1° La règle générale dans cette matière est que la cause mise en délibéré doit être jugée dans l'état où elle a été présentée à l'audience ;

2° Ici les auteurs rapportent l'espèce d'une cause entre Mme la douairière de Lauzun et M. le duc de Biron, dans laquelle celui-ci avait pendant le délibéré présenté une requête portant acquiescement, sous quelques modifications, aux conclusions de son adversaire; requête que le rapporteur avait appointée d'une ordonnance de : *viennent les parties avec les gens du roi,* et d'après laquelle il y eut, en effet, de nouvelles plaidoiries. Mais M. l'avocat-général d'Aguesseau s'éleva avec force contre cette violation de la règle, et conclut à ce que, *sans égard à la requête du duc de Biron, dont il sera débouté, ordonner qu'il sera passé outre au jugement du délibéré.* Les parties s'étant arrangées, la cause ne fut pas jugée.

Eh bien ! de la règle et des conclusions de M. d'Aguesseau le défendeur n'a dit mot !

Vient ensuite au n° 3 du même recueil le passage que le défendeur invoque et qu'il a transcrit dans son mémoire, mais en retranchant ou en omettant la dernière phrase. Les auteurs du nouveau Denisart disent dans ce passage que, d'après l'usage, on admet la requête donnée par une partie sur délibéré si l'on voit qu'elle n'a pas été présentée en vue seulement de prolonger l'affaire ; s'il n'en résulte aucun préjudice pour la partie adverse, et s'il n'y a pas *d'inconvénients ;* encore ajoutent-ils, *il est à propos de n'user de ce moyen qu'avec circonspection.* C'est là la phrase omise par le défendeur et qui, rapprochée des conditions qui précèdent, annihile l'argument qu'il prétendait tirer du nouveau Denisart.

Ajoutons que la lecture des conclusions de M. l'avocat-général d'Aguesseau démontrera que, dans notre espèce, se rencontraient tous les inconvénients signalés par lui.

Le défendeur cite encore dans son mémoire le n° 4, ainsi conçu : « Suivant la remarque de M. Legier dans son traité de la procédure, pag. 96, on se contente à la Cour des aides sur chaque nouvelle demande formée après un délibéré ordonné de renvoyer à l'audience et joindre par un seul arrêt. » Mais ce qu'on n'y trouve pas et ce que nous avons vainement cherché dans Ferrière, c'est cette phrase : « Ferrière dans son Dictionnaire de droit et de pratique enseigne la même doctrine. » Comme on le voit, le passage de Guyot et celui du nouveau Denisart, sainement appréciés, sont loin de venir à l'appui du système du défendeur ; et voilà cependant ce qu'il appelle des principes ! Répétons-le donc, rien n'est plus constant que la règle d'après laquelle les parties ont un droit acquis à ce que l'affaire soit jugée en l'état où elle se trouvait lors de la clôture des débats et il n'est plus permis aux juges d'accueillir de nouvelles demandes ni de rouvrir les débats, à moins qu'on ne se trouve dans quelque circonstance extraordinaire qui n'a rien de commun avec l'espèce actuelle.

Toutes les dispositions des lois nouvelles, loin d'avoir innové à cette règle, l'ont, au contraire, confirmée. Nous n'avons pu apercevoir dans les observations que le défendeur attribue à l'archichancelier, lors de la discussion de l'art. 111 du Code de procédure au conseil d'état, ni dans aucune disposition de nos codes, la moindre trace de cette prétendue nuance, décisive selon lui, entre *devoir* et *pouvoir* rouvrir les débats, entre ce qu'il appelle la *faculté* et l'*obligation !* distinction qui aboutirait, en définitive, à poser pour toute règle l'arbitraire pur.

Aussi cette distinction ne se trouve-t-elle, quoi qu'en dise le défendeur, dans aucun auteur ; il cite deux lignes seulement de Thomine Desmazures en laissant de côté la première partie du paragraphe d'où sont tirées ces deux lignes et dans laquelle il est dit : « Quand la cause est mise en délibéré, *sans nomination de rapporteur,* uniquement parce que les juges ont besoin de se recueillir ou encore quand les plaidoiries ont été déclarées closes (comme dans l'espèce) et la cause renvoyée uniquement pour les conclusions du ministère public, signifier de nouveaux écrits, produire de nouvelles demandes, ce serait rendre inutiles les plaidoiries qui ont précédé la mise en délibéré, ce serait un moyen de retarder le jugement d'une cause en état, et, sous ce double rapport, nous pensons qu'il y aurait abus. »

Le défendeur procède de même à l'égard d'un passage de Boncenne. Il omet la partie dans laquelle la question est discutée et tranchée dans le sens du pourvoi.

Quant à l'arrêt de la Cour royale de Paris du 25 juin 1825 et celui de la Cour de cassation du 22 décembre 1829, que nous avons cités à l'appui du pourvoi, ils ne contiennent pas un seul mot qui prête à la distinction imaginée par le défendeur. Ces deux arrêts tranchent la question dans le sens du pourvoi de la manière la plus formelle et la plus précise. On serait tenté de croire que le défendeur ne les a pas lus.

A l'égard de ceux qu'il invoque, il n'a pas, ce nous semble, la main heureuse. En effet, le premier est un arrêt de la Cour de cassation de France, en date du 3 novembre 1826, rendu en *matière répressive* et qui ne peut d'ailleurs avoir aucune autorité dans l'espèce en présence de l'art. 24 de la loi nouvelle sur la compétence, d'après lequel l'état de la cause est irrévocablement fixé lorsqu'il y a eu clôture des débats sur le fond.

Le second a été rendu par la Cour de Lyon, le 1er juillet 1840, dans une espèce où il s'agissait de la production d'une pièce nouvelle qui faisait disparaître *la base même de la contestation* et pouvait dès lors être assimilée à un cas de requête civile.

Le troisième est un arrêt rendu par la Cour de Bruxelles, le 28 juin 1831, dans une espèce ou non-seulement il s'agissait de pièces nouvellement découvertes relatives à des points essentiels, ce qui aurait pu peut-être donner lieu à requête civile, mais encore, et ce qui est décisif ici, dans une espèce où il n'y avait pas eu clôture des débats, la cause ayant été simplement remise pour entendre les conclusions du ministère public qui n'avait pas encore été entendu.

Le dernier arrêt invoqué par le défendeur, sous la date du 31 juillet 1844, est de la Cour d'appel de Bruxelles. Voici tout ce qui est dit dans la jurisprudence de la Cour : L'art. 119 du Code de procédure civile, combiné avec l'art. 470 du même Code, donne aux Cours d'appel le droit, après avoir entendu les plaidoiries et les conclusions du ministère public, d'ouvrir les débats et d'ordonner aux parties *de répondre aux questions qui leur seront faites d'office* par la Cour.» Cette assertion est suivie de cette indication : *rés. impl.*, c'est-à-dire résolu implicitement. Nous avons vainement cherché dans les minutes de la Cour le dispositif d'où l'on a tiré l'assertion; d'ailleurs, ordonner aux parties *de répondre à des questions d'office*, ce n'est pas leur permettre de plaider de nouveau. On ne peut pas dire que ce soit là rouvrir les débats.

Nous croyons donc avoir démontré que les raisons alléguées par le défendeur n'ont en rien détruit ni affaibli le premier moyen de cassation. En définitive, la Cour est en présence de ces deux systèmes; ou une règle pleine de sagesse, dont nous avons fait ressortir le véritable esprit, ou un arbitraire absolu, sans frein et sans limites. Pourquoi donc aurait-on de tout temps posé avec tant de soin des bornes au pouvoir des juges, s'ils avaient pu s'en affranchir à leur gré et sans crainte d'aucun contrôle?

Ajoutons que si la règle n'avait pas existé, c'est précisément pour une espèce comme la nôtre qu'elle aurait dû être inventée, puisque dans l'arrêt définitif ne se trouve la mention d'aucune circonstance qui ne fût parfaitement connue avant la clôture des débats.

Deuxième moyen spécial à l'arrêt définitif du 3 avril 1844. — *Défaut de motifs.*

Violation des art. 141 du Code de procédure, 7 de la loi du 20 avril 1810, et 97 la constitution.

Les qualités de l'arrêt portent :

« L'avoué des intimés a conclu, à la même audience du 26 mars 1844, à ce qu'il
« plût à la Cour, sans s'arrêter aux conclusions principales et subsidiaires de l'ap-
« pelant *dans lesquelles il sera déclaré non recevable*, et en tout cas mal fondé,
« confirmer purement et simplement le jugement dont est appel, etc.

« Conclusions fondées..... en ce qui concerne les articulations de fraude, en droit,
« sur ce qu'en thèse générale, d'après l'art. 1167 du Code civil, *un créancier ne peut*
« *attaquer un acte, comme fait en fraude de ses droits, qu'autant qu'il était déjà*
« *créancier à l'époque où cet acte a eu lieu*, et que d'après l'art. 1328 du Code civil,
« *il ne peut se prévaloir contre un tiers de* sa qualité *de créancier* qu'autant qu'il

« en justifie par un acte ayant reçu date certaine à une époque antérieure à celle
« où l'acte attaqué a été fait par le débiteur. »

Il est donc constant qu'une fin de non-recevoir, résultant de son défaut de qualité pour attaquer l'acte contenant la clause d'ameublissement, avait été formellement opposée à Cuvelier : et cela est expressément reconnu par lui ; car on lit, quelques lignes plus haut, dans les qualités de l'arrêt, qu'on a dit pour Cuvelier : —
« Que c'est en vain que les intimés (ici demandeurs) prétendent que le titre de
« Cuvelier n'ayant pas de date certaine avant le 2 février 1840, *il est non recevable*
« *à l'attaquer comme fait en fraude de ses droits.* »

Or la cour de Liége a sauté à pieds joints sur cette fin de non-recevoir préjudi-
cielle *qui emportait le fond*, puisque le défaut de qualité est la première et la
plus péremptoire de toutes les exceptions : la Cour a abordé implicitement le fond,
et par conséquent écarté la fin de non-recevoir sans en dire un mot. Son arrêt, sur
ce point, n'est donc pas *motivé*. ——

Pour répondre à ce moyen, le défendeur saute par - dessus la question que s'est posée la Cour
et les motifs par lesquels elle l'a résolue. En effet, la question posée par la Cour est ainsi
conçue : « La saisie-arrêt formée par Cuvelier sur le prix de la ferme du Perron est-elle valable ? »

Suit un long considérant sur les faits et circonstances de la cause, considérant dont la lecture
suffit pour démontrer *que la Cour ne s'est nullement occupée de la question de savoir si Cuvelier était
recevable à arguer de fraude la clause d'ameublissement*; qu'elle s'est uniquement occupée de la
question de savoir si cette clause devait être considérée comme stipulée en fraude des droits de
Cuvelier ; ce considérant se termine en effet ainsi : « que dans ces circonstances on doit *présumer*
que l'ameublissement des propriétés territoriales de l'intimée *a été fait en fraude* des droits de
Cuvelier... » Le dispositif complète la démonstration : — Par ces motifs, la Cour émendant
déclare que la ferme du Perron a été mobilisée en fraude des droits de l'appelant, par suite déclare
bonne et valable la saisie-arrêt, etc. »

Voilà ce que le défendeur a fait semblant de ne pas voir pour se rejeter sur un considérant
secondaire, qui d'ailleurs ne s'applique pas davantage à la fin de non-recevoir. Il est ainsi conçu :

« Considérant néanmoins que ce dernier (Cuvelier) ne saurait exercer que les droits qu'il aurait
eus sous le régime de la communauté légale, que son titre n'ayant pas de date certaine avant le
mariage dans le sens restrictif de l'art. 1410 du Code civil, il ne peut poursuivre son payement
que sur la nue-propriété de la ferme de Perron ou *autres biens personnels* de Flore de Stockhem ;
que Bravard-Veyrières doit, comme chef de la communauté, avoir la jouissance pleine et entière
des revenus desdits biens ou des intérêts du prix de la ferme du Perron ; que pour régler cet
objet les parties auront à aviser aux moyens d'exécution convenables, et en cas de contestation
à reporter la cause devant la Cour pour être statué ce qu'il appartiendra. »

D'abord ce considérant, dont le défendeur a laissé de côté la finale, est un de ceux par lesquels
la Cour, *statuant au fond*, a déclaré que la ferme du Perron avait été mobilisée en fraude des
droits de Cuvelier.

En second lieu, il n'y a pas là un mot, un seul mot qui fasse la moindre allusion à la fin de non-
recevoir : si la Cour reconnaît que le titre de Cuvelier n'a pas date certaine avant le mariage, c'est
uniquement pour régler les conséquences ultérieures de la nullité qu'elle admet, et subordonner ces
conséquences aux restrictions imposées par l'art. 1410, § 2, à l'égard des immeubles, en général,
qui sont propres à la femme ; c'est ce que fait l'arrêt en disant que « Cuvelier ne peut poursuivre

son paiement que sur la nue-propriété de la ferme du Perron *ou autres biens personnels de Flore de Stockhem.* » Mais cela n'a aucun trait au point de savoir si Cuvelier avait ou non qualité pour demander la nullité. Répétons-le donc, la Cour n'a posé, examiné et jugé que la question d'existence ou d'inexistence de la fraude. Elle n'a pas abordé la question relative au défaut de qualité de la part de Cuvelier.

Aussi le défendeur, sentant bien l'*insuffisance* ou, pour mieux dire, l'*insignifiance* de sa réponse, prétend-il que l'arrêt du 3 avril 1844 n'avait pas besoin de motiver le rejet virtuel de la fin de non-recevoir opposée au sieur Cuvelier, parce que l'arrêt de réouverture avait rejeté cette fin de non-recevoir, et qu'il est suffisamment motivé sur ce point. Selon le défendeur, l'arrêt du 3 janvier, en ordonnant la réouverture, aurait par cela même réfuté la fin de non-recevoir, qui, en effet, si elle avait été fondée, aurait opposé un obstacle invincible à la réouverture.

Ainsi le défendeur suppose que la fin de non-recevoir, si formellement articulée avant l'arrêt du 3 avril, l'aurait été aussi avant l'arrêt de réouverture et aurait été rejetée par cet arrêt au moins tacitement, puisque la réouverture fut ordonnée. Or, même en admettant cette supposition et celle d'un rejet *tacite*, s'ensuivrait-il que ce rejet serait motivé ? non assurément. Il s'en suivrait même tout le contraire ; car par cela qu'une décision est tacite, il n'en a pas été exprimé de motifs.

De plus, pour qu'un arrêt puisse être considéré comme rejetant tacitement une fin de non-recevoir, tout au moins faut-il apparemment qu'elle ait été proposée. Or, celle dont il s'agit ne l'avait pas été. Le défendeur a vainement tenté d'établir le contraire. Il dit bien que l'avoué des époux Bravard a conclu à ce que le sieur Cuvelier fût déclaré non recevable ; mais il applique cela à une non-recevabilité dont alors il n'était nullement question. Reportons-nous, en effet, au texte même des conclusions qui furent prises par M⁰ Collinet, pour M. et Mme Bravard, et que voici :

« Plaise à la Cour — sans avoir égard aux conclusions signifiées à la requête de l'appelant (Cuvelier), sous la date du 30 décembre 1843, et autres postérieures, conclusions tendant, au principal, à ce que la réouverture des débats soit ordonnée, pour qu'il puisse développer les moyens consignés dans l'acte d'avoué du 30 décembre précité, et conclure à ce qu'il plaise à la Cour par ces motifs et ceux qui ont été développés, tenant les faits articulés, pour confessés, adjuger à l'appelant ses conclusions, et, très subsidiairement, à ce qu'il soit ordonné aux intimés de répondre auxdits faits et autres ultérieurement signifiés. — Dans lesquelles le sieur Cuvelier sera déclaré n'être ni recevable ni fondé, juger la cause dans l'état où elle se trouvait au moment de la clôture des débats, le 30 décembre 1843. »

Voilà le texte même des conclusions qui furent prises au nom des époux Bravard-Veyrières. Ainsi donc, si ces conclusions tendaient à ce que le sieur Cuvelier fût déclaré non recevable et non fondé, c'était uniquement non recevable et non fondé *dans sa demande en réouverture des débats*, considérée en elle-même.

De plus, et cela est grandement à remarquer, il n'existe aucune trace de conclusions par lesquelles le sieur Cuvelier aurait demandé le rejet d'une fin de non-recevoir, tirée contre lui d'un défaut de qualité de sa part.

La supposition que cette fin de non-recevoir aurait été proposée avant l'arrêt de réouverture est donc absolument fausse. Cet arrêt ne peut donc avoir rejeté tacitement une fin de non-recevoir non proposée, et il peut encore moins contenir des motifs de ce rejet ; car, encore une fois, les mots *décision tacite* et *décision motivée* s'excluent.

Il résulte donc et de l'exposé de notre second moyen de cassation (en la forme), et de notre réplique à l'argumentation de notre partie adverse, 1° que l'arrêt du 3 avril 1844 a virtuellement rejeté, *sans motiver ce rejet*, la fin de non-recevoir articulée contre le sieur Cuvelier, et puisée dans son défaut de qualité ; 2° que l'arrêt du 31 janvier précédent (en supposant qu'on pût s'y reporter) ne peut suppléer à ce défaut de motifs, puisqu'il n'y a ni dans les qualités, ni dans les considérants, ni dans le dispositif de cet arrêt, rien qui ait un rapport, même indirect, à la fin de non-recevoir dont il s'agit.

Le second moyen de cassation en la forme conserve donc toute sa force.

DEUXIÈME PARTIE.

MOYENS AU FOND.

Ces moyens comprennent les trois propositions suivantes : 1º Le sieur Cuvelier n'était pas *recevable* à attaquer la clause d'ameublissement ; 2º il n'était pas *fondé* à l'attaquer ; 3º à supposer même qu'il y fût *recevable* et *fondé*, la saisie-arrêt par lui formée n'en serait pas moins contraire à la loi, et la mainlevée de cette saisie n'en devait pas moins être prononcée.

SECTION Iʳᵉ. — Le sieur Cuvelier n'était pas recevable à attaquer la clause d'ameublissement.

Le premier moyen de cassation au fond est le développement de cette proposition.

Premier moyen (troisième de la requête), s'appliquant aux deux arrêts attaqués.

§ 1ᵉʳ. Fausse application de l'art. 1167 et violation de l'art. 1328 du Code civil, en ce que la cour de Liége a admis, à l'encontre d'un tiers, le sieur Cuvelier, à attaquer, comme fait en fraude de ses droits, un contrat intervenu à une époque où son prétendu titre n'avait pas d'existence certaine.

Pour qu'un créancier puisse, en vertu de l'art. 1167, attaquer un acte comme fait en fraude de ses droits, il faut qu'il justifie qu'au moment où cet acte a eu lieu il était déjà créancier de celui qui l'a fait ; sans quoi, évidemment, aucune fraude n'aurait pu être commise à son préjudice. D'un autre côté, il ne saurait, vis-à-vis des tiers, justifier de sa qualité de créancier autrement que par un acte ayant reçu date certaine de l'une des manières prescrites par l'art. 1328 du Code civil. Dès lors il est évident que le sieur Cuvelier n'avait pas qualité pour attaquer la clause d'ameublissement stipulée dans le contrat de mariage de M. Bravard-Veyrières, puisqu'à l'égard de Cuvelier, M. Bravard est un *tiers*, et que le titre du sieur Cuvelier n'ayant reçu date certaine que longtemps après le mariage de M. Bravard, est censé, à l'égard de celui-ci, n'avoir pris naissance que depuis.

La cour de Liége n'a point nié dans son arrêt que M. Bravard fût, comme représentant de la communauté, un *tiers* vis-à-vis du sieur Cuvelier, ni que le titre de ce dernier fût dépourvu de date certaine avant le mariage de M. Bravard ; et cependant, par une inconséquence vraiment inexplicable, elle a admis le sieur Cuvelier à attaquer de *son chef* et en son nom personnel le contrat de mariage de

M. Bravard! elle a donc, en cela, violé de la manière la plus formelle l'art. 1328, et faussement appliqué l'art. 1167 du Code civil.

S'il est aujourd'hui un point constant, en droit et en jurisprudence, c'est que l'art. 1328 est limitatif, c'est qu'aucune circonstance autre que celles indiquées par cet article ne peut autoriser les juges à reconnaître à un acte date certaine contre les tiers. Cela a été jugé *in terminis* par plus de *dix arrêts*, qu'il nous paraît superflu d'indiquer ici, puisque la cour de Liége non-seulement n'a pas reconnu au titre du sieur Cuvelier une date certaine antérieure au mariage de M. Bravard, mais a déclaré, au contraire, qu'il en était dépourvu.

L'avocat du sieur Cuvelier avait avancé, à la vérité, que l'art. 1328 souffrait exception dans le cas où un prétendu créancier attaquait un acte comme fait en fraude de ses droits; mais il ne paraît pas que la cour de Liége, dont sur ce point, il est vrai, l'arrêt est complétement dépourvu de motifs, ait adopté cette doctrine, ou plutôt elle n'a pas osé y rattacher ouvertement sa décision, qui cependant ne pouvait avoir d'autre fondement que celui-là.

Quoi qu'il en soit, cette doctrine ne saurait aucunement se justifier en raison ni en droit. En *raison*, car on ne conçoit pas que des faits étrangers à un acte et plus ou moins poetérieurs puissent en changer la nature première et lui communiquer rétroactivement une force probante dont il était dépourvu par lui-même; en *droit*, car l'art. 1328 ne fait aucune distinction, il exclut même clairement celle qu'on voudrait y introduire. En effet, il est évident que les créanciers ne peuvent, en leur qualité pure et simple de créanciers, demander leur paiement à des tiers, qui ne leur doivent rien; ils ne le peuvent qu'en prétendant que ceux-ci ont concouru à une fraude commise par le débiteur. Ce sera donc presque toujours sous ce prétexte qu'ils essaieront de se prévaloir de leur titre contre un tiers. Admettre qu'il suffirait à un créancier d'alléguer la fraude pour se soustraire à l'application de l'art. 1328, ce serait donc, par le fait, annuler cette disposition et ramener avec un arbitraire sans bornes les inconvénients et les abus que le législateur a voulu prévenir.

A cela il faut ajouter que le Code civil a posé deux règles parallèles, savoir : 1° que pour justifier de la qualité de créancier contre celui qu'on prétend avoir pour débiteur il faut, lorsqu'il s'agit de plus de 150 fr., avoir eu soin de se procurer une preuve par écrit, un *titre,* art. 1341; 2° que pour établir cette qualité contre un tiers, il faut avoir eu soin de faire donner au titre une date certaine, ce n'est que du jour où il a reçu cette date que le titre est censé exister vis-à-vis des tiers, art. 1328. Or (et c'est un point qu'il est d'autant plus important de remarquer que nous nous en prévaudrons directement dans notre second moyen de cassation au fond) il a été jugé par une foule d'arrêts, notamment par quatre arrêts de la Cour de cassation de France, en date des 29 octobre 1810, 2 novembre 1812, 31 mars 1820 et 21 avril 1844, qu'on ne peut, en alléguant le dol et la fraude, s'affranchir vis-à-vis du débiteur prétendu, de la règle qui exige une preuve écrite de la créance, un titre : rien ne saurait être plus certain; et il en doit être forcément de même de la règle qui exige à l'égard des tiers une date certaine, car il y a parité complète de raison : le prétendu créancier est en faute dans un cas comme dans l'autre; s'il éprouve un préjudice, c'est simplement, dans un cas comme dans l'autre, la suite de sa négligence, de sa contravention à la loi, et il n'est pas recevable à s'en plaindre.

La fraude, sans doute, fait exception aux règles ordinaires en ce qui concerne la preuve des faits qui la constituent, lesquels peuvent être prouvés par témoins et par présomptions, parce qu'on n'a pu se procurer de ces faits une preuve écrite; mais elle n'apporte à ces règles aucune exception en ce qui concerne la justification de la qualité de créancier, justification qui ne peut jamais se faire que conformément aux art. 1341 et 1328 du Code civil.

Au surplus, nous pouvons à cet égard opposer à la partie adverse une autorité qu'elle ne récusera pas sans doute, celle de la cour de Liége elle-même, qui, dans un arrêt beaucoup mieux motivé que celui rendu par elle en faveur du sieur Cuvelier, a catégoriquement consacré les principes que nous venons de développer. Cet arrêt qui est rapporté au tome VIII des arrêts notables de la cour de Liége, p. 561, est ainsi conçu :

« Attendu que les appelants sont tiers, quant au contrat passé le 25 juillet 1822
« entre l'intimé et feu Marie Joseph Lahaye, qu'ils ne peuvent donc l'attaquer que
« pour autant qu'il a été fait en fraude de leurs droits. D'où il suit que pour être
« recevables dans leur demande afin d'annulation de ce contrat, ils doivent établir
« d'avoir eu ces droits à l'époque de sa perfection ;

« Que les actes que les appelants produisent pour constater leurs droits sont des
« actes sous seing privé et n'ont, suivant la disposition de l'art. 1328 du Code civil,
« à l'égard de l'intimé qu'une date postérieure au susdit contrat, parce qu'ils n'ont
« été enregistrés que les 5 février et 5 mars 1823. Que l'art. 1341 du Code exige
« exclusivement une preuve écrite de toutes choses excédant la valeur de 150 fr. et
« défend l'admission d'une preuve par témoins contre et outre le contenu aux actes,
« lors même qu'il s'agit d'une valeur moindre de 150 fr.

« Que si les appelants étaient antérieurement au 25 juillet 1822 créanciers des
« sommes par eux réclamées et excédant de beaucoup 150 fr., ils ont à s'imputer
« le défaut d'une preuve écrite de cette antériorité, *qu'ils pouvaient se procurer en*
« *faisant enregistrer à temps leurs actes.* Les admettre à prouver par témoins que
« ces actes ont une existence antérieure au contrat du 25 juillet, ce serait par rap-
« port à l'intimé admettre une preuve contre et outre le contenu aux actes, et violer
« la défense expresse de la loi.

« Qu'en adoptant le système des appelants, on établirait une jurisprudence qui
« aurait les plus graves inconvénients; par exemple, en remettant pour ainsi dire à

« l'arbitraire des donateurs de révoquer ou faire annuler les donations entre-vifs,
« en faisant figurer de prétendus créanciers, porteurs d'actes antidatés, qui en
« demanderaient l'annulation comme faites en fraude de leurs droits.

« Par ces motifs et adoptant ceux du premier juge, la Cour déboute les appelants
« de l'opposition par eux formée à l'arrêt par défaut du 2 juin dernier, ordonne que
« ledit arrêt sera exécuté suivant sa forme et teneur. » (Du 2 novembre 1826.)

Cet arrêt, comme on voit, semble fait tout exprès pour la cause. Aussi il en a été
donné lecture dans les plaidoiries qui ont eu lieu devant la cour de Liége; et cependant cette Cour a passé outre!! elle a passé outre, sans dire pourquoi; ce qui, en
effet, ne lui eût pas été facile.

Il n'existe, à notre connaissance, aucun monument de jurisprudence belge ou
française qui soit contraire à la doctrine de l'arrêt que nous venons de transcrire.
De tous ceux qu'on a cités, sans se donner la peine de les lire, un seul peut paraître,
au premier abord, s'en éloigner. C'est un arrêt de la chambre des requêtes de la Cour
de cassation de France, en date du 14 décembre 1829; mais il est à remarquer que
cet arrêt, d'ailleurs fort peu explicite, a été rendu dans une espèce où il s'agissait de
titres qui avaient reçu date certaine antérieurement à l'acte attaqué. C'est ce qui est
textuellement consigné dans un de ses considérants, que voici : « Attendu que pour
« donner à ces actes une date antérieure à la vente, l'arrêt s'est fondé sur un juge-
« ment du 15 juin 1824 qui leur est postérieur, mais que ce jugement, qui n'a pas
« été attaqué, a dû faire foi quant à la fixation *de l'antériorité* des actes qui y sont
« énoncés. » De plus il s'agissait dans l'espèce de cet arrêt de *lettres de change*. Or,
on sait que les lettres de change jouissent, entr'autres priviléges, de celui de pouvoir par elles-mêmes faire foi de leur date contre les tiers. Il n'y a donc rien à conclure, comme on voit, de cet arrêt; et c'est le seul, encore une fois, qui paraisse
s'éloigner de la doctrine sur laquelle repose le premier moyen de cassation, doctrine
qui a pour elle la loi, les principes, la jurisprudence et les auteurs, doctrine enfin
que l'arrêt attaqué lui-même, tout en s'en écartant, n'a pas osé contredire ouvertement.

Au surplus, quelque opinion qu'on adopte sur la théorie générale que nous
venons de développer, et qui obtiendra, nous n'en doutons pas, l'assentiment de
tous les jurisconsultes, l'arrêt attaqué n'en aurait pas moins, dans le cas particulier
qui fait l'objet du procès, spécialement violé les art. 1410, 1167 et 1507; c'est ce
qui va être démontré, jusqu'à l'évidence, dans le paragraphe suivant.

§ 2. *Spécialement*, violation des art. 1410, 1167, deuxième alinéa, 1505 et 1507 du
Code civil : 1° en ce que la cour de Liége a admis le sieur Cuvelier à procéder
contre la communauté et le mari en une qualité que ne permet pas de lui reconnaître l'art. 1410 et que l'arrêt attaqué lui-même lui refuse, savoir celle de
créancier antérieur au mariage; 2° en ce que le créancier, dont le titre, comme

celui du sieur Cuvelier, est dépourvu d'une date certaine antérieure au mariage, n'a pas plus de droit sur les immeubles ameublis que sur l'usufruit des immeubles restés propres à la femme.

1° D'après l'art. 1410, que la cour de Liége a elle-même reconnu applicable au sieur Cuvelier, celui-ci, dont le titre n'a pas de date certaine antérieure au mariage, ne pouvait avoir de droit que sur la *nue-propriété* des immeubles personnels de la femme ; parce que vis-à-vis de la communauté et du mari qui sont des *tiers* à son égard, il ne saurait être légalement considéré comme créancier antérieur au mariage : sans quoi il se trouverait créancier de la communauté elle-même ! Comment dès lors et en quelle qualité la cour de Liége a-t-elle pu l'admettre à attaquer le contrat de mariage de M. Bravard ? Comment a-t-elle pu reconnaître ainsi en lui deux qualités incompatibles, savoir qu'il devait être légalement considéré vis-à-vis de la communauté et du mari comme créancier antérieur au mariage, à l'effet d'attaquer la clause d'ameublissement, puis, cette clause annulée, qu'il devait à l'instant même cesser légalement d'être considéré vis-à-vis de la communauté et du mari comme créancier antérieur au mariage ! Quoi de plus incohérent, quoi de plus absurde que de supposer ainsi dans le même individu, vis-à-vis de la communauté et du mari, la coexistence de deux qualités incompatibles !! Quoi de plus contraire à la lettre et à l'esprit de l'art. 1410 ! Cet article est spécial, il est directement applicable à l'espèce ; et il ne permettait aucunement de reconnaître au sieur Cuvelier, vis-à-vis de la communauté et du mari, la qualité de créancier antérieur au mariage, ni, par une *conséquence forcée*, de l'admettre à attaquer une clause du contrat de mariage. — L'art. 1167 du Code civil lui-même a eu soin d'indiquer que les créanciers de la femme ne pourraient exercer d'autres droits que ceux qui leur sont conférés par cet article 1410. « Ils (les créanciers) doivent néanmoins, porte l'art. 1167, deuxième alinéa, quant à leurs droits énoncés *au contrat de mariage*, se conformer aux règles qui y sont prescrites. »

La cour de Liége a donc manifestement violé et l'art. 1410 et l'art. 1167, § 2, en admettant le sieur Cuvelier à attaquer contre la communauté et le mari la clause d'ameublissement, c'est-à-dire à intenter une action qui suppose nécessairement en lui, *vis-à-vis de la communauté et du mari*, l'existence légale de la qualité de créancier au moment du mariage ; tandis que l'art. 1410 et l'arrêt attaqué lui-même ne permettent pas de lui reconnaître *vis-à-vis de la communauté et du mari* cette qualité comme *préexistante au mariage*.

2° D'après l'art. 1410 et l'arrêt attaqué, le sieur Cuvelier ne pouvait avoir de droits que sur la nue-propriété des immeubles *personnels* de la femme. Or, les immeubles de cette dernière ayant été ameublis par le contrat, il s'ensuivait qu'ils étaient, aux termes de l'art. 1507, non plus des *biens personnels* de la femme, mais au contraire *des biens de la communauté ;* et par conséquent ils échappaient complétement, en vertu des art. 1410 et 1507 combinés, à l'action du sieur Cuvelier, tant pour la *nue-propriété* que pour *l'usufruit*, puisque la nue-propriété et l'usufruit faisaient également partie de la communauté et au même titre. En même temps qu'il refuse au créancier de la femme dont le titre n'a pas de date certaine antérieure au mariage tout droit contre la communauté et le mari, l'art. 1410 lui reconnaît celui de se faire payer sur la nue-propriété, mais sur la nue-propriété seulement, des immeubles personnels de la femme : parce que cette nue-propriété ne dépendant en aucune façon de la communauté ni du mari, le créancier, en la faisant saisir et vendre, ne leur préjudicie en rien. Mais par cela même, cet article refuse nécessairement au créancier tout droit sur les biens dépendant de la communauté, conséquemment sur les immeubles *ameublis*, puisque, encore une fois, ces immeubles sont *des biens de la communauté*, aux termes de l'art. 1507, tout comme l'usufruit de ceux restés propres à la femme.

La cour de Liége a donc méconnu à cet égard et formellement violé les art. 1410 et 1507 du Code civil. Rien ne saurait être, ce nous semble, plus évident. ——

Le défendeur n'a rien trouvé à répondre apparemment aux principes et aux raisonnements développés dans le premier paragraphe de notre premier moyen, au fond ; à des textes et à des raisons il n'a su opposer que des arrêts, absolument comme si nous étions encore au temps où, suivant la constitution de nous ne savons plus quel empereur romain, c'était le plaideur qui avait en sa faveur le plus grand nombre d'autorités qui devait gagner son procès ; temps heureux où le métier de l'avocat était de compulser, celui des juges de compter, et où, du reste, les uns et les autres étaient dispensés de raisonner ! Eh bien, de tous les arrêts qu'à défaut de raisons le défendeur se borne à invoquer, il n'en est pas un qui puisse lui fournir le moindre appui. Nous avons déjà démontré que celui de la chambre des requêtes de la cour de cassation de France, du 4 décembre 1829, était inapplicable à l'espèce ; celui du 12 mars 1827 décide une question qui n'a même rien de commun avec l'espèce actuelle ; ceux de la cour d'appel de Bruxelles et de la cour de cassation de France, du 21 décembre 1830 et du 30 janvier 1827, qu'il faut lire, et non pas apprécier d'après des intitulés inexacts, statuent aussi sur des questions étrangères à l'espèce, et par des raisons qui ne s'y appliquent pas.

Nous ajouterons que la fin de non-recevoir, tirée du défaut de qualité, tend, non pas à couvrir la fraude, mais à en faire disparaître la possibilité, puisque aucune fraude ne saurait être commise au préjudice de quelqu'un qui était sans droit à l'époque de l'acte. Disons mieux, elle tend à prévenir des fraudes, en empêchant que sous ce facile prétexte on ne porte atteinte, par des antidates dont la preuve serait presque impossible, à des droits antérieurement et légitimement acquis. Nous ne pouvons mieux faire à cet égard que de nous référer à l'arrêt de la cour de Liége que nous avons transcrit ; et c'est tout à fait à tort que le défendeur a invoqué celui de la cour de cassation de Belgique, du 23 janvier 1838, puisque cet arrêt a été rendu en faveur de créanciers dont les titres avaient date certaine antérieurement à l'acte qu'ils attaquaient.

A propos de l'arrêt de la cour de Liége transcrit ci-dessus, le défendeur se récrie contre l'omission d'un considérant, commise, non par nous, mais par les rédacteurs des arrêts notables de la cour de Liége, qui ont pensé, ce qui est évident en effet, que ce considérant, spécial à la cause, n'intéressait en rien la doctrine, et qu'il pouvait être omis sans inconvénient. Il était plus facile de se récrier contre l'omission insignifiante de ce considérant, que de répondre aux raisons déduites dans l'arrêt.

Après cela, avons-nous besoin de relever cette équivoque qui consiste à dire qu'il n'y aurait dans notre espèce qu'une fausse application de l'article 1167? N'est-il pas évident que. le titre du sieur Cuvelier n'ayant pas reçu, antérieurement au mariage de M. Bravard, date certaine de la manière prescrite par l'article 1328, le sieur Cuvelier ne pouvait pas être considéré vis-à-vis de M. Bravard comme créancier antérieur au mariage, ni par conséquent être admis à attaquer, comme stipulée en fraude de ses droits, une clause du contrat de mariage. La cour de Liége, en accueillant son action, a donc tout à la fois faussement appliqué l'article 1167 et violé l'article 1328. La fausse application de l'un est donc ici la conséquence directe de la violation de l'autre.

Bien que la clause d'ameublissement n'ait été déclarée nulle que comme stipulée en fraude des droits du sieur Cuvelier, et que la validité absolue de cette clause en elle-même, validité qui, d'après l'article 1507, n'est pas contestable, ait été implicitement reconnue par l'arrêt vis-à-vis de Cuvelier lui-même, le défendeur a jugé à propos de transcrire tout au long dans son mémoire un passage de Pothier, d'où il prétend induire que dans l'ancienne jurisprudence la clause d'ameublissement n'avait d'effet qu'entre les époux eux-mêmes. Mais en voulant ainsi faire preuve d'*érudition*, il n'a fait preuve que d'*inadvertance*; car il n'est personne d'un peu versé dans la connaissance de l'ancien droit qui ne sache que la clause d'ameublissement produisait alors les mêmes effets que dans le droit actuel. C'est ce qui résulte de plusieurs passages de Pothier lui-même, dont il nous suffira de citer les suivants :

« Corollaire 2ᵉ, nᵒ 309. Le mari peut disposer par vente, donation, ou à quelque autre titre que ce soit, des héritages ameublis par sa femme, de même que de tous les autres effets de la communauté, sans avoir pour cela besoin de son consentement. » (*Traité de la communauté.*)

« Le propre ameubli est un conquet conventionnel; il suit de là que le propre ameubli par un des conjoints doit être réputé pour tel vis-à-vis l'autre conjoint, ou ses héritiers, ou ses ayant cause. » (Coutume d'Orléans, introduction au titre 10, nᵒ 56.)

Le passage cité par le défendeur n'a trait qu'à une question qui ne peut plus se présenter aujourd'hui, parce qu'on ne considère plus en matière de succession la nature ni l'origine des biens, à la question de savoir si l'immeuble ameubli qui n'aurait pas été aliéné et serait attribué par le partage au conjoint lui-même qui l'avait ameubli, devait être considéré dans la succession de ce conjoint comme un propre ou un conquet. Pothier, à cet égard, s'exprime ainsi qu'on va le voir au nᵒ 312 de son *Traité de la communauté*, et il s'explique dans le même sens au nᵒ 56 de la Coutume d'Orléans, introduction au titre 10. Le défendeur a cité le commencement de ce nᵒ 312; nous allons en mettre la suite sous ses yeux : « C'est pourquoi lorsque j'ai ameubli un héritage qui m'était propre d'une certaine ligne, cet héritage, pour la part que j'y ai, et même pour le total, s'il m'est demeuré en total par le partage de la communauté, conservera dans ma succession la *qualité de propre de cette ligne*, et ce seront mes héritiers au propre de cette ligne qui y succéderont; par la même raison, il sera sujet aux réserves coutumières, au retrait lignager, etc. »

On voit, d'après ce seul exemple, dans quel esprit de sincérité est soutenu le système de l'adversaire.

Quant au *deuxième paragraphe de notre premier moyen au fond*, il est évident que, d'un côté, admettre le créancier à attaquer la clause d'ameublissement insérée dans le contrat de mariage de M. Bravard, et, d'un autre côté, reconnaître que son titre n'ayant pas de date certaine il ne peut avoir de droits que sur la nue-propriété des immeubles personnels de la femme, c'est admettre tout à la fois vis-à-vis de la communauté et du mari qu'il est créancier antérieur au mariage, et qu'il ne l'est pas; c'est, en d'autres termes, admettre vis-à-vis de la communauté et du mari l'existence simultanée dans la personne du sieur Cuvelier de deux qualités qui s'excluent, ce qui n'est pas moins contraire à la raison qu'à la loi. A cela il n'y a rien à répondre. Aussi, qu'a fait le défendeur? Il a eu recours à un singulier artifice de discussion, à un *qui-*

proquo, qui consiste à confondre et à prendre alternativement l'une pour l'autre deux actions qui n'ont rien de commun, savoir, *l'action en expropriation*, que l'article 1410, § 2, accorde au créancier de la femme dont le titre n'a pas de date certaine antérieure au mariage sur la nue-propriété des immeubles appartenant en propre à celle-ci, avec l'action que l'article 1167, et cet article seul, accorde aux créanciers contre les actes faits en fraude de leurs droits; il confond un acte d'*exécution* sur un immeuble propre de la femme avec l'action en nullité de l'acte par lequel la femme aura cessé d'en être propriétaire; c'est-à-dire, en un mot, qu'il confond le droit de saisie *immobilière* avec l'action *paulienne!!!*

SECTION II⁰. — *A supposer que le sieur Cuvelier fût recevable à attaquer la clause d'ameublissement encore bien que son titre n'ait reçu date certaine que long-temps après le mariage de Mlle de Stockhem avec M. Bravard-Veyrières, il était, en tout cas, mal fondé à l'attaquer.*

Le deuxième et le troisième moyen de cassation au fond sont le développement de cette proposition.

Quand on considère qu'au fond toute la question était de savoir si un immeuble de plus de 200,000 fr. avait été ameubli pour frustrer un créancier de 10,000 francs (lequel après tout ne sera même pas frustré, puisqu'il conservera le droit de se faire payer capital et intérêts sur la part de sa débitrice dans la communauté) et si M. Bravard (qui, s'il eût connu cette dette, n'aurait eu, pour en affranchir la communauté, qu'à stipuler la séparation de dettes) s'était associé à cette fraude impossible; quand, en outre, on se reporte aux incroyables motifs sur lesquels la cour de Liége s'est fondée pour résoudre affirmativement cette absurde question, on est amené à ne voir sous ces considérants que l'intention d'imposer aux parties *par arrêt* la transaction inadmissible dont nous avons déjà parlé. Quant à la fraude, on n'en aperçoit pas la moindre trace; et l'on chercherait vainement les caractères qui la constituent. C'est ce que la discussion à laquelle nous allons nous livrer, fera ressortir.

Deuxième moyen (quatrième de la requête) s'appliquant aux deux arrêts attaqués.

§ Ier. Fausse application et violation des art. 1167, 1410, 1387 et 1507 du Code civil : en ce que la circonstance alléguée par l'arrêt attaqué ne saurait ni constituer de fraude ni changer en rien la position du sieur Cuvelier.

En principe, il ne suffit pas, pour qu'il y ait nullité d'un contrat, que le tiers contractant ait eu connaissance du préjudice qui pouvait en résulter pour les créanciers de son cocontractant; or c'est là l'unique circonstance alléguée (circonstance d'ailleurs non prouvée, mais présupposée) par la cour de Liége, et elle ne saurait en elle-même ni constituer de fraude, ni couvrir l'irrégularité du titre du sieur Cuvelier, ni changer sa position.

Le principe que nous venons de rappeler ressort, par argument *a contrario*, de l'art. 447 du Code de commerce français (loi du 28 mai 1838) qui établit un droit spécial, exceptionnel, pour le cas de faillite, et qui serait fort inutile si la règle du droit commun ne s'en écartait pas. C'est ce qui doit s'induire également des art. 444 et 447 du Code de commerce belge. C'est d'ailleurs ce qui a été jugé par une foule d'arrêts, notamment par un arrêt de la cour de Grenoble, du 9 mai 1833 (*voyez* Sirey, 33-2-506); par un arrêt de la cour de Douai, du 10 août 1837 (Sirey, 38-2-106); par un arrêt de la cour de Nismes, du 27 mai 1840 (*Recueil du Palais*, 1841,-1-439). L'arrêt de la cour de Douai se termine par le considérant suivant : « Considérant que l'intimé objecte en vain qu'il y a fraude de la part de l'appelant; que fallût-il admettre que le sieur Caron fils eût connaissance de la vente consentie par son père, *ce fait seul ne suffirait pas pour le constituer en fraude, ainsi que cela a été jugé plusieurs fois.* »

Cela paraît surtout incontestable, lorsqu'il s'agit du contrat de mariage, et l'on ne saurait comprendre, en présence de l'art. 1410, qu'il fût permis de porter atteinte à la stabilité de ce contrat sous prétexte que le mari aurait connu une dette établie par un acte sous-seing privé sans date certaine avant le mariage; ni même qu'il fût permis de soulever contre lui une semblable question. Cet article, en effet, a un triple but, savoir d'ôter à la femme toute possibilité de grever la communauté de dettes après le mariage, sans le concours de son mari, de mettre celui-ci à l'abri de contestations du genre précisément de celle qu'on a suscitée à M. Bravard, et aussi d'empêcher les époux eux-mêmes de se faire des avantages indirects malgré la prohibition de la loi. Il est donc impossible d'admettre que l'application de cette disposition soit subordonnée à la circonstance que le mari aurait connu la dette ou ne l'aurait pas connue : parce que, dans une foule de cas, cette prétendue connaissance pourrait être elle-même le résultat d'une collusion entre les époux et un tiers pour se soustraire aux prohibitions de la loi. C'est pourquoi le mari qui prétendrait avoir payé pour sa femme une dette de cette nature, n'en pourrait demander la récompense ni à sa femme ni à ses héritiers (art. 1410). Le second alinéa de l'art. 1167, qui trouve encore ici sa place, viendrait au besoin compléter cette démonstration.

D'où la conséquence, qu'en annulant sous un prétexte qui ne pouvait d'après l'art. 1410 et le droit commun lui-même, influer en rien sur la position et les droits du sieur Cuvelier, une clause très-explicitement consacrée par l'art. 1507 et implicitement par l'art. 1410 et plusieurs autres, l'arrêt attaqué a expressément violé les articles ci-dessus indiqués.

§ 2. Fausse application des art. 1166, 1167 du Code civil, et violation des art. 1116, 1328, 1341, 1353 et 1410 du même Code : en ce que la cour de Liége a admis un créancier de la femme dont le titre n'a pas reçu date certaine antérieurement au mariage de sa prétendue débitrice, à invoquer contre le mari des présomptions que celle-ci, dont il est simplement l'ayant cause, n'aurait certainement pu invoquer elle-même.

L'arrêt attaqué reconnaît, *in terminis*, par son avant-dernier considérant, que le titre du sieur Cuvelier n'a pas de date certaine avant le mariage dans le sens de l'art. 1410 du Code civil; et dès lors il demeurait entièrement étranger à M. Bravard-Veyrières (art. 1328) : et néanmoins, en vertu de ce titre, elle a admis Cuvelier à attaquer, du chef de fraude, la clause d'ameublissement contenue dans le contrat de mariage, et en a prononcé la nullité.

Chose étrange! tandis que l'art. 1410 du Code civil est fait pour prévenir la fraude possible au préjudice du mari, l'atteinte qui pourrait être portée aux droits que la loi et les conventions lui donnent; qu'il établit ainsi *en sa faveur* une présomption *légale* de fraude, la cour de Liége, renversant le principe, admet la présomption de fraude en faveur du créancier, vrai ou prétendu, et au préjudice du mari ; c'est ainsi qu'elle viole les dispositions invoquées à l'appui du § 2 de ce 2me moyen.

En effet, d'après tous les principes, la fraude ne se présume pas, il faut qu'elle soit prouvée (art. 1116 du Code civil). Elle ne peut être établie par des présomptions que dans le cas où la preuve testimoniale est admissible (art. 1353 du même Code) et, aux termes de l'art. 1341, la preuve testimoniale n'est pas admissible s'il s'agit de plus de 150 fr.; et il s'agit ici de 10,000 fr.!

Cependant la cour de Liége a décidé, *par des présomptions purement humaines*, qu'il y avait eu fraude aux droits de Cuvelier.

Mais qu'était donc Cuvelier dans la cause? il était un tiers vis-à-vis de M. Bravard-Veyrières ; puisque, de l'aveu même de la cour de Liége, son titre n'avait pas de date certaine dans le sens de l'art. 1410 ; et par conséquent ne faisait pas foi contre celui-ci (art. 1328). — Si donc ce titre conférait quelque droit à Cuvelier, s'il faisait foi contre quelqu'un, ce n'était que contre celle qui l'avait souscrit (art. 1328) : Cuvelier ne tirait donc son droit que de celle-ci; or l'on ne peut transférer que les droits qu'on a soi-même.

Cuvelier n'était donc que l'ayant cause de Mme Bravard-Veyrières ; il n'avait pas plus de droits qu'elle; et, bien évidemment, *elle n'aurait pas été recevable à établir par témoins, ni, par conséquent, par présomptions, l'existence d'une créance de 10,000 francs à charge de la communauté;* elle n'aurait pu tourner contre son mari une présomption de fraude que l'article 1410 établissait contre elle.

Cuvelier ne le pouvait donc pas davantage.

La Cour d'appel, en l'admettant à prouver la prétendue fraude, et en admettant l'existence de cette fraude, sur de simples présomptions humaines, a donc faussement appliqué les articles 1166 et 1167 du Code civil, et violé les articles 1116, 1328, 1341, 1353 et 1410 du même Code.

§ 3. Violation des articles 1116, 1167 et 1507 du Code civivil : en ce que, en tout cas, le préjudice (si préjudice il y a) résulterait pour le sieur Cuvelier, non de la clause d'ameublissement, mais uniquement de ce qu'il n'aurait pas donné date certaine à son titre avant le mariage de sa prétendue débitrice.

Si le sieur Cuvelier avait fait enregistrer son titre (en supposant qu'il en eût un avant le mariage de Mlle de Stockhem), et il lui suffisait pour cela de la prudence la plus vulgaire, ses garanties, malgré la clause d'ameublissement, au lieu de diminuer se seraient accrues, puisque, aux termes des articles 1409 et 1410 du Code civil, il serait devenu créancier de la communauté, créancier direct et personnel de M. Bravard lui-même. Par conséquent, ici, le préjudice pour le sieur Cuvelier, si préjudice il y a, résulterait, non de la clause toute légale d'ameublissement, mais uniquement de ce que le sieur Cuvelier n'aurait pas donné date certaine à son titre avant le mariage des époux Bravard-Veyrières. Dès lors la cour de Liége n'a pu annuler cette clause, comme constituant une fraude envers le sieur Cuvelier, sans violer les articles précités et le principe, admis de tous les temps, que pour constituer la fraude il faut *consilium et eventus*.

En réalité il ne pouvait s'agir ici de fraude; tout se réduisait à une question de *certitude légale de date*, à ce seul et unique point : le titre du sieur Cuvelier a-t-il, ou non, une date certaine antérieure au mariage? Si l'on reconnaissait à son titre une date certaine antérieure au mariage, le sieur Cuvelier se trouvait par cela même créancier de la communauté et du mari, et il n'avait dès lors aucun intérêt à attaquer le contrat de mariage, dont les stipulations lui profitaient; que si, au contraire, on ne reconnaissait pas à son titre une date certaine antérieure au mariage, le sieur Cuvelier ne pouvait évidemment se faire relever aux dépens de la communauté et du mari de sa négligence personnelle, ni rejeter sur eux un dommage provenant de sa propre faute, et nullement des stipulations du contrat de mariage. C'est à ces termes si simples, que tout le débat pouvait et devait être ramené et circonscrit. —

Voyons de quelle manière notre adversaire répond aux divers paragraphes de ce second moyen au fond.

Quant au *premier paragraphe* de ce moyen, le défendeur, par une distraction qui ne s'explique pas, allègue encore que, d'après Pothier, l'ameublissement ne peut pas être opposé aux créanciers de la femme; or, d'une part, on sait à quoi s'en tenir sur ce point en lui-même, et, d'autre part, si l'ameublissement ne pouvait pas être opposé au sieur Cuvelier, il aurait été plus qu'inutile de soulever la question de fraude; son action même suppose donc la validité à son égard de la clause d'ameublissement en elle-même.

Du reste, le défendeur n'entreprend pas de combattre le principe de droit et de raison sur lequel est fondé le premier paragraphe de notre moyen; il se borne à en contester l'application à l'espèce.

Mais, en fait, nous le demandons, l'arrêt ne se borne-t-il pas simplement à *présumer*, à *con-*

jecturer, d'après les circonstances les plus insignifiantes , que M. Bravard n'avait pas ignoré l'existence de la créance du sieur Cuvelier ? Il y a même cela de remarquable , qu'après avoir énuméré ces circonstances, l'arrêt se borne à conclure (ce sont ses termes mêmes) qu'on *doit présumer* que l'ameublissement a été fait en fraude des droits de l'appelant ; c'est-à-dire, non pas que la fraude est *prouvée*, mais qu'elle est *supposable*. Et en quoi eût-elle consisté ? Uniquement en ce que le mari n'aurait pas ignoré l'existence de la dette, ce que la Cour ne pouvait encore induire des circonstances alléguées dans l'arrêt qu'à l'aide d'une pétition de principe ! D'un autre côté, nous avons dit et nous répétons , qu'*en droit*, on ne pouvait avoir aucun égard à cette donnée, sans laquelle cependant il n'y avait pas de fraude possible. Nous l'avons prouvé par l'article 1410 , qui , en effet , bien qu'il suppose la sincérité de la dette, puisqu'il permet au créancier de se faire payer sur la nue-propriété des immeubles de la femme, ne veut pas néanmoins que le créancier puisse en exciper contre le mari, pas plus sous le prétexte que le mari aurait connu la dette, que sous tout autre prétexte ; cela est évident, et c'est à quoi le défendeur ne répond absolument rien.

Quant au *deuxième paragraphe* de notre moyen, la réponse du défendeur prouve seulement qu'il ne l'a pas compris ou n'a pas voulu le comprendre. Nous avons dit que le sieur Cuvelier (c'est là, en effet, la conséquence forcée du défaut de qualité, qui lui était si formellement opposé) n'étant que l'*ayant cause* de mademoiselle de Stockhem, ne pouvait pas plus que cette dernière suppléer, sous un prétexte quelconque, par des présomptions, au silence du contrat de mariage sur la prétendue créance du sieur Cuvelier, et se procurer à cet égard , contre le mari, un droit quelconque en dehors des stipulations du contrat de mariage. Les quatre arrêts de la cour de cassation de France que nous avons cités dans les développements de notre premier moyen au fond, trouvent ici leur application directe.

Quant au *troisième paragraphe* de notre second moyen , le défendeur a éludé toute réponse. Il n'y en avait pas , en effet, de possible. Après avoir établi dans le § 1ᵉʳ qu'il ne saurait y avoir dans l'espèce la première condition requise pour constituer la fraude , *consilium*, nous avons démontré dans le 3ᵉ qu'il n'y avait pas non plus la seconde, *eventus*, puisque le préjudice résulterait, non de la clause annulée d'ameublissement, mais uniquement d'un fait propre au sieur Cuvelier lui-même, de ce qu'il n'aurait pas donné en temps utile date certaine à son titre. Nous constatons le défaut complet de réponse de la part du défendeur sur ce point.

3ᵐᵉ *moyen* (cinquième de la requête) spécial à l'arrêt définitif.

§ I. — Violation des art. 1116, 1167 et 1350, n° 1, du Code civil : en ce que toutes les suppositions sur lesquelles la cour de Liége a fondé son arrêt portent complétement à faux.

C'est à celui qui allègue la fraude à la prouver ; or la clause d'ameublissement en elle-même, sans connexité ni corrélation *possible* avec la créance du sieur Cuvelier, ne peut, sous aucun rapport, constituer une fraude à son égard ; et, de plus, à part cette considération décisive, et, dans le sens même de l'arrêt attaqué, pour que la fraude, si tant est qu'on puisse se servir ici de ce mot, pût être en façon quelconque alléguée contre le mari, il aurait fallu, de toute nécessité, que M. Bravard connût non-seulement la *créance*, mais encore le *titre* du sieur Cuvelier, et qu'il sût que ce titre n'avait pas reçu et ne recevrait pas date certaine avant son mariage. Or, c'est ce dont il n'est pas le moins du monde question dans l'arrêt; c'est ce qu'on n'a jamais prétendu. C'était, en effet, chose impossible, à moins que le sieur Cuvelier ne fût lui-même le complice et l'instrument de la prétendue fraude commise à son préjudice.

D'où il suit que toutes les suppositions sur lesquelles la cour de Liége a fondé son arrêt portent à faux, complétement à faux, et que son arrêt lui-même est sans base.

Sous un autre rapport, le contrat de mariage étant la condition du mariage, les conventions matrimoniales ont leur cause directe dans le mariage, cause légitime s'il en fut jamais; elles en sont inséparables et doivent en suivre le sort. La loi a donc dû les soustraire en elles-mêmes aux attaques des tiers; c'est aussi ce qu'elle a fait par le premier et le second alinéa de l'art. 1167 du Code civil, qui sont plus particulièrement applicables à l'espèce. Ce serait, en effet, non dans le contrat de mariage, dans la clause d'ameublissement, que se trouverait la fraude, mais dans le mariage lui-même; et l'on ne se marie pas (surtout à l'âge et dans la position de Mlle de Stockhem et de M. Bravard) pour frauder un prétendu créancier de 10,000 fr. Ce n'est pas là non plus ce qu'a prétendu la cour de Liége, de sorte que son arrêt est doublement dépourvu de base, doublement en opposition avec les articles précités.

§ 2. Violation des articles 1116, 1410, 74, 166 et 167, 187 et 196 du Code civil, 1341, 1328, 1428, 215 et 1507 du même Code; en ce qu'ils reconnaissent et consacrent tous les faits d'où sont tirées les étranges présomptions de fraude sur lesquelles repose l'arrêt attaqué.

Assurément, on en conviendra, si les faits dont la cour de Liége a tiré les présomptions de la prétendue fraude sur lesquelles est fondé son arrêt, sont prévus, autorisés par la loi, cette Cour n'a pu en faire un grief contre M. Bravard sans s'attaquer la loi à elle-même, sans la violer. Or que ces faits soient tous reconnus, autorisés par la loi, en un mot *légitimes*, c'est ce qu'il sera facile d'établir.

La cour de Liége a considéré 1° « que Mlle de Stockhem, en ameublissant ses « immeubles et ne faisant pas état de la créance de l'appelant, a témoigné l'inten-« tion d'éluder son obligation. »

Mais d'abord c'est supposer que la dette du sieur Cuvelier existait, *supposition illégale et inadmissible à l'égard du mari*. De plus, l'article 1410 prévoit littéralement l'omission qu'on impute ici à Mlle de Stockhem; et attribuer à cette omission d'autres effets que ceux indiqués par l'article 1410, c'est violer cet article. — Du reste rien n'est moins sensé en soi que ce considérant; car, comme on l'a vu, la clause d'ameublissement n'a aucunement trait à la créance du sieur Cuvelier, et en ne faisant pas état de cette créance, si elle existait, Mlle de Stockhem aurait eu un tort envers elle-même et envers M. Bravard, mais nullement envers le sieur Cuvelier.

(43)

2° « Qu'il est vraisemblable que, dans ses rapports d'intimité et de confiance
« avec Bravard-Veyrières, elle ne lui aura pas laissé ignorer l'obligation dont il s'agit.»

Évidemment on pourrait, et avec bien plus de raison encore que dans l'espèce,
en dire autant toutes les fois qu'il s'agira de faire l'application des articles 1410 et
1328 : autant vaudrait rayer ces articles du Code.

3° « Qu'elle n'avait aucun motif de cacher une dette de 10,000 fr. en présence des
« valeurs considérables qu'elle apportait en mariage; qu'elle avait, au contraire, le
« plus grand intérêt à faire connaître tout ce qu'elle devait personnellement, après
« les stipulations exorbitantes et insolites auxquelles elle se soumettait. »

On sait à quoi s'en tenir sur ces valeurs et ces stipulations, comme sur la position
de M. Bravard, qui était beaucoup plus belle assurément que celle de Mlle de Stock-
khem; mais ce qui, pour M. Bravard, avait une bien autre importance que tout
cela, c'était la considération de la personne, de ses habitudes, de ses antécédents;
et l'on comprend sans peine que Mlle de Stockhem fût peu jalouse de révéler une
dette de nature à jeter sur sa personne une certaine défaveur, à raison tout à la fois
de sa source : *un emprunt*, de la cause qui l'avait déterminé : *une spéculation*, et de la
qualité du prêteur lui-même : *un pharmacien*. Mlle de Stockhem, *si elle n'avait pas laissé*
ignorer à M. Bravard l'existence de cette dette, n'aurait eu, en effet, comme le dit
l'arrêt, aucun motif de n'en pas faire la déclaration dans son contrat de mariage;
elle y avait intérêt, et l'on ne concevrait pas qu'elle s'en fût abstenue. Donc le silence
gardé par elle sur cette dette, dans son contrat de mariage, est une preuve sans réplique qu'elle l'avait laissé ignorer à M. Bravard.

Mais c'est toujours, comme on voit, la même supposition illégale et inadmissible
à l'égard du mari, que la dette en question existait, toujours la même pétition de
principe. — Ensuite, qualifier d'insolites, d'exorbitantes, des stipulations prévues,
autorisées par le texte formel de la loi; argumenter de la convenance qu'il y aurait
eu à faire une déclaration, pour en induire qu'elle a été faite, alors que l'acte solen-
nel dont la loi prescrit la rédaction pour en être la preuve authentique, n'en fait
aucune mention, et donner ainsi un démenti à cet acte lui-même, c'est en méconnaître évidemment le caractère naturel et légal, c'est violer les art. 1387, 1507 et
1341 du Code civil.

Au surplus, tout ce qui précède est étranger à M. Bravard; voici maintenant ce
qui le concerne :

4° « Que, d'autre part, Bravard-Veyrières, épousant une étrangère en France, n'a
« pu croire qu'elle fût libre de toutes dettes en Belgique, où elle avait sa famille, son
« domicile et ses biens. »

C'est toujours le même renversement d'idées, c'est toujours prendre le contre-pied
de la loi; et ici cela est d'autant plus choquant, que le contrat de mariage énonce
les dettes que Mlle de Stockhem entend mettre à la charge de la communauté, et ne
fait cependant aucune mention de celle dont se prévaut le sieur Cuvelier. Ensuite, ce

qui véritablement n'était pas croyable en soi, ce que nul, en consultant le cours ordinaire des choses, n'aurait jamais pu supposer, c'est qu'une personne, dans la position sociale et de fortune de Mlle de Stockhem, avait, en dehors de l'administration de ses biens et de sa famille, contracté, par pur esprit de spéculation, une dette de 10,000 fr.; et c'est bien d'une dette de ce genre qu'il s'agirait dans l'espèce. — La circonstance elle-même, que Mlle de Stockhem était étrangère et se mariait en France, prouve clairement que M. Bravard n'avait pu avoir par lui-même connaissance de dettes contractées en Belgique par cette demoiselle, qui résidait en France depuis deux ans, et qu'il connaissait depuis quelques mois à peine; et la nature de celle dont il s'agirait explique aussi l'intérêt qu'avait ou croyait avoir Mlle de Stockhem à la dissimuler : car si l'on avait su que cette demoiselle, qui depuis longtemps déjà était majeure, avait fait un emprunt de 10,000 fr. pour se livrer à des spéculations, on aurait fort bien pu en conclure qu'elle en avait fait plus d'un du même genre (on va loin, en effet, dans la carrière des spéculations et des emprunts, une fois qu'on y est entré), et qu'il n'y avait dès lors aucune sécurité à l'épouser.

5° « Qu'il a dû savoir, comme professeur en droit, que la célébration de son ma-
« riage à Paris avec une femme belge qui n'y avait qu'une simple résidence devait
« être précédée de publications en Belgique, selon la loi commune des deux pays;
« qu'on ne saurait *guère* expliquer l'absence d'une formalité aussi essentielle que
« par l'intention de ne pas donner l'éveil aux créanciers cédulaires belges. »

Qualifier de simple résidence une résidence de deux années, c'est oublier que, *d'après la loi commune des deux pays*, comme dit l'arrêt, le domicile quant au mariage s'acquiert par six mois de résidence (art. 74 du Code civil); et que, d'après l'opinion des meilleurs auteurs (notamment de MM. Dalloz et Delvincourt, confirmée par une circulaire du garde des sceaux de France, en date du 4 mars 1841), comme d'après l'usage constant, une résidence de deux années était plus que suffisante pour qu'il n'y eût dans l'espèce, *même de la part de Mlle de Stockhem*, aucune nécessité de faire des publications en Belgique, c'est violer les art. 74, 166 et 167 du Code civil.
— Dire que cette absence de publications ne peut *guère* s'expliquer que par l'intention de ne pas donner l'éveil aux créanciers cédulaires belges, c'est, d'une part, se méprendre sur le but des publications, qui ne sont nullement prescrites dans l'intérêt des créanciers; d'autre part, c'est faire une *pétition de principe* : car, pour supposer à M. Bravard l'intention dont il s'agit, il faudrait d'abord prouver qu'il y avait des créanciers cédulaires belges, et que M. Bravard le savait. Or, c'est ce qu'on ne saurait prétendre sans se placer tout à la fois en dehors de la vérité et de la loi, sans violer les art. 1410, 1328 et 1341 du Code civil.

6° « Que le système de défense des intimés qui ont plaidé conjointement et par
« les mêmes conseils que celui d'entre eux qui avait tout abandonné à l'autre et ne
« possédait plus rien était seul débiteur envers Cuvelier, fortifie l'idée que le même
« concert a présidé aux stipulations du contrat de mariage de 1840. »

(45)

On croit rêver en lisant de pareilles choses. Le système de défense des intimés, l'unité d'avoué et d'avocat, en dehors de tout concert, étaient ici la conséquence nécessaire de la nature même de l'action, des droits que les art. 1410, 1428, et 215 du Code civil accordent au mari et des devoirs qu'ils lui imposent. Argumenter de là contre M. Bravard, c'est outrager le bon sens en même temps que méconnaître les articles qui viennent d'être rappelés. M. Bravard n'a fait rien autre chose qu'invoquer les articles précités, et dire en conséquence au sieur Cuvelier : « Vous ne pouvez saisir une valeur dépendante de la communauté, puisque vous n'êtes ni mon créancier ni celui de la communauté ; et les frais de la saisie que vous avez indûment formée doivent rester à votre charge. Vous ne pouvez les faire retomber ni sur moi ni sur Mlle de Stockhem, dont, comme mari, j'exerce les actions et suis chargé par la loi, sous ma responsabilité personnelle, de protéger les intérêts. » Nous le demandons, M. Bravard pouvait-il tenir un autre langage, suivre une autre marche, à moins de renoncer à se défendre ? et cependant c'est là, aux yeux de la cour de Liége (qui ne s'en était pas même doutée jusqu'à la clôture des débats) une *énormité*, et c'est pour cela qu'elle refuse de reconnaître la validité de la clause d'ameublissement ! Vit-on jamais un pareil abus ? peut-on se jouer plus ouvertement du bon sens, de la vérité, et de la loi ?

7° « Que dans ces circonstances l'on doit *présumer* que l'ameublissement des « propriétés territoriales de l'intimée a été fait en fraude des droits de Cuvelier. »

Encore une fois, c'est l'inverse de ce que la loi prescrit. La fraude ne se *présume* pas, elle doit être *prouvée*.

La cour de Liége, en fondant son arrêt sur un échafaudage de suppositions, non-seulement sans consistance et sans valeur, mais inadmissibles, arbitraires et réprouvées par la loi, a donc expressément violé les articles précités, et usé, pour éluder la loi, d'un vain subterfuge, dont la cour de cassation, dans sa haute sagesse et sa loyauté, saura faire justice. ——

Sur le § 1er de notre 3e moyen au fond, le défendeur se trouve encore une fois à court d'argument, et cela au point de prétendre que l'arrêt constate qu'il y avait *des créanciers cédulaires*. Le défendeur dit : « *tout au moins l'arrêt constate en fait que M. Bravard savait que sa future épouse avait des créanciers cédulaires.* » Voilà ce que le défendeur a vu dans cette phrase de l'arrêt, phrase très-vague, très-indécise, toute pleine de restrictions, et qui n'est d'ailleurs qu'une pétition de principe : « *qu'on ne saurait guère expliquer* l'absence d'une formalité aussi essentielle que par l'intention de ne pas donner l'éveil aux créanciers cédulaires Belges. » — Aux créanciers cédulaires, *s'il y en avait ;* or, où sont donc ces créanciers ? qu'on les indique. L'arrêt n'a pu juger qu'il y avait d'autres créanciers cédulaires que le sieur Cuvelier, puisque cela n'a pas même été articulé ; et d'ailleurs en quoi cela eût-il concerné le sieur Cuvelier ? Pour en revenir au sieur Cuvelier, comment la Cour aurait-elle pu constater un fait matériellement impossible ? Comment M. Bravard aurait-il pu savoir, d'une part, qu'il y avait un créancier muni d'un titre non enregistré, et, d'autre part, que ce titre ne serait pas enregistré avant le jour du mariage ? Tout cela est en vérité dérisoire.

En second lieu, nous lisons dans le mémoire en défense ce qui suit : «Jamais ni le sieur

Cuvelier, ni la cour de Liége n'ont prétendu que le mariage avait été fait pour frauder des créanciers, bien moins encore ont-ils attaqué le mariage des époux Bravard-Veyrières. » Or, en cela le sieur Cuvelier manque tout au moins, comme à son ordinaire, de mémoire, car nous lisons dans les conclusions par lesquelles il demandait la réouverture des débats et qu'il a reproduites tout au long dans son mémoire en défense, nous lisons : « Les faits révélés par la réplique de l'avocat des intimés prouvent qu'il y a eu, entre Mlle de Stockhem et l'intimé, *dès avant leur prétendu mariage, concert*, etc., etc. » Peut-on se contredire plus manifestement : dès avant *leur prétendu mariage ! ! !*

Quoi qu'il en soit, l'ameublissement, on est bien forcé de le reconnaître, absolument indépendant en soi de la prétendue créance du sieur Cuvelier, a été uniquement stipulé en vue du mariage, et n'a pas d'autre cause que le mariage lui-même. Dès-lors il n'a pu être stipulé en fraude des droits de Cuvelier, à moins que le mariage lui-même n'ait été contracté en fraude de ses droits ; et comme ce n'est pas là ce qu'on prétend, l'arrêt tombe par cela même, et manque complétement de base.

Sur le 2e § de notre 3e moyen, la réponse du défendeur se réduit à rien. Nous ne disons pas (comme le défendeur affecte de le croire) qu'à un acte légitime en soi ne puissent pas se rattacher des combinaisons frauduleuses. Mais ce que nous disons, ce que nous affirmons, c'est qu'on ne peut tirer des présomptions de fraude, de faits autorisés par la loi, commandés par elle ; car alors les juges seraient affranchis de l'observation de la loi et pourraient toujours, au lieu *d'arrêts*, rendre des *services*. Avec un tel système, ce ne seraient pas les juges qui relèveraient de la loi, ce serait la loi elle-même qui relèverait des juges ; c'est-à-dire qu'il n'y aurait plus de loi, plus de justice, et il ne resterait qu'à inscrire sur le frontispice des tribunaux cette despotique maxime : *sic volo, sic jubeo, sit pro* lege *voluntas.* Or, quelque extraordinaire que cela puisse paraître, c'est exactement à ces termes que se réduit le procédé dont a usé la cour de Liége. Qu'on veuille bien relire attentivement les observations dont nous avons fait suivre chacun des considérants de son arrêt, et l'on ne conservera aucun doute à cet égard.

Le défendeur, dans son mémoire, a cru pouvoir invoquer l'arrêt du 23 janvier 1838, qui, bien loin de nous être contraire, pourrait bien plutôt être invoqué par nous, puisque cet arrêt, bon ou mauvais, repose sur cette idée qu'il y avait *simulation;* que l'usufruitier ne faisait éteindre l'usufruit en apparence que pour profiter *indirectement* de cette extinction. Qu'y a-t-il ici de pareil ?

Le sieur Cuvelier répète encore que Mlle de Stockhem n'avait pas en France une résidence de plus de six mois et que la cour aurait jugé ce point en fait. Nous avons déjà fait justice de cette assertion sans bonne foi et sans valeur. Il est par trop évident que la cour n'a pas pu juger cela en fait, puisque cela n'a pas même été articulé. Les mots *simple résidence*, dans l'arrêt, signifient uniquement que Mlle de Stockhem n'avait pas de domicile réel en France.

<hr>

SECTION IIIe. — *A supposer que le sieur Cuvelier fût à la fois recevable et fondé à attaquer la clause d'ameublissement, et en faisant abstraction de cette clause, la saisie-arrêt par lui formée n'en serait pas moins diamétralement contraire à la loi.*

Le quatrième et dernier moyen de cassation au fond est le développement de cette proposition.

Quatrième moyen (sixième de la requête) s'appliquant à l'arrêt définitif et à l'arrêt de réouverture tout à la fois en ce qu'il a de définitif et d'implicitement interlocutoire.

§ 1er. Fausse application et violation des art. 1167 et 1166 du Code civil : en ce que, indépendamment même de la clause d'ameublissement, le prix de vente de la ferme du Perron ne saurait être considéré comme propre à Mme Bravard.

En supposant, contre tout droit et toute raison, que le sieur Cuvelier fût recevable et fondé à attaquer la clause d'ameublissement, et que cette clause dût être considérée comme nulle à son égard, il était impossible encore, même dans cette hypothèse, tout exorbitante qu'elle soit, de maintenir la saisie-arrêt par lui formée sur le prix de vente de la ferme du Perron.

En effet, la créance du prix résulte, non de la clause d'ameublissement, mais de la vente elle-même, qui subsiste toujours, qui n'est ni attaquée ni attaquable, et se trouve même confirmée de la part du sieur Cuvelier lui-même par la saisie-arrêt, dont le sort fait l'unique objet du procès. Cette créance ne saurait être dès-lors, même en faisant abstraction de la clause d'ameublissement, considérée, vis-à-vis de Cuvelier, comme propre à Mme Bravard; elle reposerait toujours sur la tête de son mari, qui, comme vendeur et en vertu du contrat de vente lui-même, est seul créancier du prix, a seul action contre l'acheteur pour le contraindre au paiement ; de sorte que le sieur Cuvelier n'aurait jamais pu de son chef saisir cette créance entre les mains de l'acheteur, puisque, nous le répétons, même abstraction faite de la clause d'ameublissement, elle dépendrait toujours de M. Bravard seul, qui, non plus que la communauté, ne doit rien à Cuvelier.

Cuvelier n'aurait pu davantage la saisir comme créancier personnel de Mme Bravard, et du chef de cette dernière, puisque dans les rapports de Mme Bravard et de son mari, non-seulement la vente, mais, qui plus est, la clause d'ameublissement elle-même subsiste et doit produire tous ses effets ; on a donc eu beau annuler la clause d'ameublissement, on n'a rien fait, absolument rien, pour le sieur Cuvelier, puisque M. Bravard n'est pas devenu pour cela son *débiteur*, et n'a pas cessé d'être *seul créancier du prix saisi.*

Il est donc clair que, même en faisant abstraction de la clause d'ameublissement, le sieur Cuvelier n'a pu, ni comme créancier personnel de Mme Bravard et du chef de celle-ci, ni de son propre chef, saisir le prix de la ferme du Perron, et, par conséquent, la Cour de Liége n'a pu valider la saisie-arrêt formée par lui sur ce prix, sans faussement appliquer et violer les art. 1166 et 1167 du Code civil. Ce moyen nous semble péremptoire, et nous ne prévoyons pas ce qu'on pourra y répondre. —La Cour de Liége a bien compris, comme le sieur Cuvelier, que pour en venir à déclarer valable la saisie-arrêt, il fallait nécessairement commencer par tenir pour valable la vente elle-même de la ferme du Perron, puisque la saisie-arrêt frappait sur le prix de cette ferme ; et que sans la vente il ne saurait y avoir de prix. Mais cette Cour, dans sa préoccupation, a perdu de vue que le fait lui-même de cette vente, non-seulement incontestable et incontestée, mais reconnue et confirmée par le sieur Cuvelier lui-même, était, sous un autre rapport, un obstacle non moins insurmontable à ce que la saisie-arrêt de ce dernier pût être maintenue.

§ II. — Dans tous les cas, fausse application *manifeste* de l'art. 1410 et violation *non moins manifeste* des art. 1410, 1401, 1421, 587 et 1428 du Code civil : en ce que la Cour de Liége a validé la saisie-arrêt sur *la nue propriété* (ce sont les termes mêmes de l'arrêt), *d'un capital mobilier*, d'un capital dont le mari était seul propriétaire en vertu du droit même de jouissance que l'arrêt attaqué n'a pu s'empêcher de lui reconnaître, et que, de plus, indépendamment de cette considération péremptoire, il avait seul le droit de toucher (sans condition aucune), comme administrateur des biens personnels de sa femme.

Ici le mépris des principes du droit et la violation des textes de la loi sont tellement saillants, qu'ils ne sauraient être méconnus ni même, ce semble, sérieusement contestés.

En effet, en supposant que le prix de la ferme du Perron pût, par impossible, être considéré comme propre à M{{me}} Bravard, et que, comme la cour de Liége l'a admis, les droits du sieur Cuvelier fussent ceux qu'il aurait eus sous le régime de la communauté légale, l'arrêt de cette Cour n'en serait pas moins en opposition directe avec les articles précités.

Ne perdons pas de vue le texte de la loi ; elle porte, art. 1410, § 2 : « Le créancier « de la femme, en vertu d'un acte n'ayant pas de date certaine avant le mariage, ne « peut en poursuivre contre elle le paiement que sur *la nue-propriété de ses « immeubles personnels* » : ce qui n'altère en rien le droit de jouissance et le droit d'administration du mari, qui doivent toujours être respectés. Or, par cela même que la loi n'autorise le créancier à faire des poursuites que sur *la nue-propriété des immeubles*, elle lui interdit très-formellement toutes poursuites sur *la nue-propriété des meubles*. Cependant qu'a fait la cour de Liége ? Elle a, soi-disant en vertu de l'art. 1410, maintenu la saisie-arrêt du sieur Cuvelier *sur la nue-propriété d'une somme d'argent*, et transformé le droit de *poursuites*, autorisé par l'art. 1410, sur la *nue-propriété* des *immeubles* seulement, en l'on ne sait quel droit de *séquestration* d'un capital mobilier, droit de son invention, qui n'a jamais existé que dans son arrêt ; sous ce double rapport, elle a donc faussement appliqué et violé l'article 1410.

D'un autre côté, les droits du mari sur les biens de la femme, sous le régime de

(49)

la communauté légale, sont les mêmes (art. 1401 et 1421) que ceux de l'usufruitier.
Or il est écrit dans l'art. 587: « Si l'usufruit comprend des choses dont on ne peut
« faire usage sans les consommer, comme l'argent , les grains, les liqueurs, l'usufrui-
« tier a le droit de s'en servir, à la charge d'en rendre pareille qualité, quantité et
« valeur à la fin de l'usufruit. » Il en devient donc propriétaire, à charge de restitution;
cette disposition, puisée dans les principes du droit romain , est fondée sur la nature
même des choses. A l'égard des objets qui se consomment par l'usage, le droit de
jouir est inséparable du droit de *disposer*. Aussi, quand l'usufruit porte sur des
objets de cette espèce, ils sont livrés à l'usufruitier pour qu'il en devienne propriétaire, *ut ejus fiant*, comme il est dit aux *Institutes*, dans le paragraphe 2 *de usu-
fructu*. Telle est aussi la doctrine de Proudhon, dans son *Traité des droits d'usufruit*,
titre 1er, n° 120; et voilà pourquoi l'art. 1410 ne reconnaît aux créanciers de la
femme le droit de faire des poursuites que sur la *nue-propriété des immeubles* personnels de celle-ci.

Appliquant ces principes à l'espèce, nous dirons avec tous les auteurs (Pothier,
Traité de la communauté, n° 325; Delvincourt, tome 3, page 41, édition de 1819;
Toullier, tome 12, n° 326; Duranton, tome 14, n° 318) que, sous le régime de la
communauté légale, le mari devient propriétaires des meubles propres de la femme,
qui se consomment par l'usage, sauf à faire compte de leur valeur à la femme ou à
ses héritiers lors de la dissolution de la communauté; d'où il suit que, voulût-on
considérer le prix de la ferme du Perron comme propre à madame Bravard, le sieur
Cuvelier n'aurait pu saisir la nue-propriété de ce prix, puisque, tant que dure la
communauté, l'usufruit marital absorbe la nue-propriété, le mari a la propriété
pleine, entière, exclusive.

Sous un autre rapport, le mari ayant, aux termes de l'art. 1428, *l'administration*
des biens personnels de sa femme, la saisie-arrêt, telle que l'arrêt attaqué l'a *envi-
sagée et restreinte*, serait, dans tous les cas, incompatible avec *ce droit d'administration*, qu'elle aurait évidemment pour effet de paralyser et d'annuler.

Voilà des principes incontestables, des textes formels; et l'arrêt de la cour de
Liége, qui n'en a tenu aucun compte, ne peut échapper à la censure de la Cour de
cassation. —

Le sieur Cuvelier, pour toute réponse à notre quatrième moyen, qui, en effet, n'en comporte
pas, cherche simplement à l'éluder par des faux-fuyants.

Nous le répétons encore : aux yeux de quiconque voudra se donner la peine d'y réfléchir, le
premier § de ce moyen paraîtra péremptoire ; en effet, puisque la vente est reconnue valable à
l'égard de toutes les parties en cause, il est visiblement impossible que la créance du prix, qui
résulte directement de la vente, ne réside pas dans la personne du mari, qui est le *vendeur*.

Quant au deuxième §, comment ne pas voir une violation de l'art. 1410 dans ce résultat
bizarre et nullement juridique auquel aboutit l'arrêt attaqué, savoir, que le sieur Cuvelier,
encore bien que sa saisie-arrêt ait été uniquement validée sur la nue-propriété de la somme
saisie, ne pourrait jamais cependant, aux termes de l'arrêt et par la force même des choses, se

faire payer sur cette nue-propriété? Il ne le pourrait que sur la pleine propriété elle-même, lorsque par l'extinction de l'usufruit marital elle serait retournée à la femme ou à ses représentants! Ne résulte-t-il pas clairement de là que la chose soi-disant saisie n'est qu'une *abstraction*, et n'existe nullement comme objet de saisie-arrêt? Voilà ce que c'est que d'avoir transformé le droit (dont il est uniquement question dans l'art. 1410) *de saisir et vendre la nue-propriété d'un immeuble*, en un droit qui n'a jamais existé dans aucun code, qui ne serait ni un droit de saisie-arrêt, ni un droit de saisie-exécution, ni un droit de saisie immobilière; droit étrange, en vérité, qui ne permettrait de considérer le prix de la ferme du Perron ni (bien entendu) comme un immeuble, puisque la saisie-arrêt n'est pas applicable à cette nature de biens, ni comme une somme d'argent, puisqu'il n'est pas plus possible de saisir la *nue-propriété* d'une somme d'argent que de se faire payer sur la *nue-propriété elle-même de cette somme ! ! !*

Le défendeur ne conteste pas notre théorie sur l'impossibilité de séparer le droit de jouir d'une somme d'argent de celui d'en disposer, quoique la conséquence qui en résulte forcément dans l'espèce, soit que le mari, ayant, aux termes mêmes de l'arrêt, la jouissance du prix saisi, en était propriétaire, ce qui réduisait à néant la saisie-arrêt. Mais le défendeur paraît croire qu'il y aurait quelque équivoque possible, à raison de ce qu'il *s'agirait du prix non encore payé d'un immeuble considéré comme propre de la femme.*

Est-ce donc qu'il ignorerait la différence qu'il y a entre une créance et une rente, entre une créance qui emporte nécessairement le droit de toucher le capital, et une rente qui donne seulement le droit de percevoir les arrérages? Voudrait-il raisonner pour la créance du prix de vente de la ferme du Perron comme si c'était une rente, transformer M. Bravard en un simple titulaire d'une rente, n'ayant droit qu'aux arrérages du prix? Ce serait tellement absurde, que cela ne comporterait aucune discussion; et pourtant l'observation du défendeur n'a aucun sens, si elle n'a pas celui-là!

A cette considération se rattache celle que nous avons déjà fait valoir et à l'égard de laquelle le défendeur est resté muet, à savoir, que la saisie-arrêt, inconciliable avec le droit de jouissance du mari, serait de plus, et dans tous les cas, une atteinte évidente au droit d'administration que lui confère l'art. 1428.

Ce droit (plus étendu encore sous le régime de la communauté légale que sous le régime dotal, comme l'atteste Pothier), emporte pour le mari celui d'exercer *seul* toutes les actions mobilières de la femme sous le régime en communauté (art. 1428), et sous le régime dotal, celui de poursuivre *seul* les débiteurs de deniers dotaux (art. 1549); or ce droit, disons-nous, a été sanctionné, comme celui de jouissance, et de la manière la plus éclatante, par la jurisprudence, qui en a même tiré des conséquences qui vont bien au-delà de ce que nous avons besoin d'établir pour le succès de notre pourvoi. On en verra la preuve dans deux arrêts des Cours royales de Grenoble et de Rouen, que fait connaître l'article suivant du journal *le Droit* (19 oct. 1844) :

« Le mari ayant seul l'administration des biens dotaux pendant le mariage, et pouvant seul poursuivre les débiteurs et recevoir le remboursement des capitaux, les débiteurs de deniers qui appartenaient à la femme avant son mariage deviennent, par suite du mariage, les débiteurs directs du mari.

« En conséquence, le banquier chez lequel des fonds avaient été déposés par la femme avant le mariage peut, en cas de faillite du mari, opposer, en compensation, les sommes dont il est créancier envers ce dernier pour avances à lui faites.

« Il n'y avait sur cette question, qui présente un assez grand intérêt pratique, qu'un seul précédent en jurisprudence. C'est un arrêt de la Cour de Grenoble, du 13 décembre 1825, qui décide que le mari peut également, sous le régime dotal, opposer en compensation sa propre dette avec les sommes dotales dues à sa femme, par celui dont il est débiteur. Nous croyons donc utile de recueillir l'arrêt récent de la Cour de Rouen, rendu dans l'espèce suivante, le 10 octobre 1844 :

« La D^{lle} Quesnot possédait une somme de 7,400 fr., espèces, déposée chez MM. Lecerf, Chedeville et C°, banquiers à Rouen, qui lui en servaient l'intérêt.

« En février 1843, elle se maria avec le sieur Roger qui exerçait à Rouen la profession de corroyeur. Le contrat de mariage contient adoption du régime dotal.

« Les apports de la femme y sont évalués à 20,000 fr., consistant notamment en créances sur divers, dans lesquelles sont compris les 7,400 fr. sur Lecerf et Chedeville.

« La propriété de ces apports est réservée à la femme, avec déclaration que l'estimation n'en opère pas la vente au mari. Enfin il est stipulé que les titres de ces créances seront livrés au futur époux la veille du mariage.

« Postérieurement au mariage, Roger eut besoin de fonds pour son commerce, et il s'adressa à MM. Lecerf, Chedeville et C°, qui lui firent diverses avances.

« En juin 1843, il tomba en faillite. MM. Lecerf et Chedeville, créanciers sur lui pour raison de ces avances, prétendirent qu'ils étaient en droit d'appliquer jusqu'à due concurrence les sommes versées dans leur caisse par la D^{lle} Quesnot, avant son mariage, et dont elle était restée créditée sur leurs livres ; et comme il y avait un excédant à leur profit, la compensation opérée, ils se présentèrent à la faillite de Roger pour obtenir un dividende sur cet excédant.

« Le syndic contesta cette demande. Il soutint que les deux comptes que Lecerf et Chedeville voulaient compenser l'un par l'autre constituaient deux créances distinctes ; qu'ils ne pouvaient transporter aucunes sommes du crédit de la D^{lle} Quesnot au crédit de Roger sans l'autorisation expresse de ce dernier et sans une quittance spécifiée, et il faisait ressortir l'intérêt qu'il y avait pour la masse à faire rejeter la prétention de MM. Lecerf et Chedeville, afin d'éviter que la dame Roger qui, dans ce système, perdrait nécessairement sa dot, vînt ensuite se faire colloquer à la faillite pour le montant de cette dot.

« Un jugement du tribunal de commerce de Rouen accueillit cette défense ; mais, sur l'appel de MM. Lecerf, Chedeville et C°, la Cour, après avoir entendu Me Néel dans leur intérêt, et Me Deschamps pour le syndic, a, sur les conclusions conformes de M. Pinel, substitut du procureur-général, réformé le jugement par les motifs suivants :

« Attendu que les époux Roger, mariés en 1843, ont adopté le régime dotal pour base de leurs « conventions matrimoniales ;

« Attendu qu'il résulte de l'art. 1549 du Code civil que le mari seul a l'administration des biens « dotaux pendant le mariage, et que seul aussi il a le droit d'en poursuivre les débiteurs et de « recevoir le remboursement des capitaux ;

« Attendu que Roger n'a d'ailleurs pas été assujéti à fournir caution pour la réception de la dot ;

« Attendu qu'à l'époque du mariage de la dame Roger une partie de ses capitaux étaient placés « entre les mains de Lecerf, Chedeville et C° ;

« Attendu que depuis le mariage de Roger, Lecerf, Chedeville et C° ont fait plusieurs avances « de fonds ;

« Attendu que Roger ayant le droit de poursuivre et de recevoir le remboursement des capi- « taux dotaux de sa femme, Lecerf, Chedeville et C° étaient par là même ses débiteurs ;

« Attendu, d'un autre côté, que Roger était le débiteur de Lecerf, Chedeville et C°, quant aux « valeurs qui lui avaient été avancées par ces derniers ;

« Attendu qu'il résulte des art. 1289 et 1291 du Code civil, que lorsque deux personnes se
« trouvent débitrices l'une envers l'autre, il s'opère entre elles une compensation qui éteint les
« deux dettes, si d'ailleurs il s'agit, comme dans l'espèce, de deux dettes ayant également pour
« objet une somme d'argent ;

« Attendu qu'aux termes de l'art. 1290 du Code précité, la compensation s'opère de plein
« droit par la seule force de la loi, même à l'insu des débiteurs ;

« Attendu que c'est donc avec raison que Lecerf, Chedeville et C° opposent la compensation
« au syndic de la faillite Roger ;

« La Cour réforme. »

Après la discussion à laquelle nous nous sommes livré dans ce mémoire, et qui,
ce nous semble, n'a rien laissé subsister des réponses faites aux moyens de cassation que nous avons présentés, nous croyons pouvoir persister avec la plus entière
confiance dans ces moyens, et même ajouter que si les arrêts attaqués ne sont pas
cassés, jamais arrêts ne le seront.

SANFOURCHE-LAPORTE,

Avocat à la Cour de cassation.

Paris. — Imprimerie de H. FOURNIER ET C°, rue Saint-Benoît, 7.

www.ingramcontent.com/pod-product-compliance
Lightning Source LLC
LaVergne TN
LVHW050108060726
842524LV00003B/1001